Der neue

Mann von Welt

Helmut A. Gansterer

Der neue Mann von Welt

Geist schlägt Geld

Molden

Zuschriften an:

www.gansterer.at

ISBN: 978-3-85485-226-1

www.molden.at

Umschlagillustration: Gerhard Haderer

Lektorat: Johannes Sachslehner
Umschlag- und Buchgestaltung: Bruno Wegscheider
Herstellung: Anna Caterina Wegscheider

Druck und Bindung:
CPI Moravia Books, Pohorelice

INHALT

WELTMÄNNISCHEN DANK

Meinen geliebten Solarzellen
Martina und Elisabeth, Georg, Konrad, Richard

Meinen treuen Pottschachern
Alois, Maria, Annemarie, Robert,
Helmut, Sonja, Conny

Meinen privaten Freunden
und ihren herzlichen Familien

Meinen KollegInnen im trend-profil-Haus
als Biotop des Qualitäts-Journalismus

Meinen Haberern Haderer und Komarek
für Titelgemälde und Vorwort

Dem grausamen Molden-Team:
Gerda Schaffelhofer
Johannes Sachslehner
Bruno Wegscheider

VORWORT

Alsdann,

Helmut Gansterer und ich kennen einander seit Jahrzehnten, obwohl das so nicht stimmt. Ich bin nach wie vor dabei, ihn kennen zu lernen, während er mich vermutlich viel zu gut kennt. Jedenfalls belauern wir lesend einander, vermeiden es aber tunlichst, aus dieser Observation voreilige Schlüsse zu ziehen. Texte, vor allem jene, die sich autobiografisch geben, können ja trefflich in die Irre führen, umso mehr, je dichter sie an der Wahrheit vorbeizielen.

Dennoch halte ich mich erst einmal an einen wunderschönen Satz, verfasst von Philipp Waldeck, der so sehr mit Helmut Gansterer verwandt ist, dass er sich zuweilen mit ihm verwechselt, was von beiden wohl so gedacht und gewünscht ist. Ich zitiere also einen Stehsatz aus Waldecks *Wanderbriefen:* „… Zugleich sind Briefe auch unsere letzte Brücke, die trittfest ist. Durch Dein ständiges Daheimbleiben entfernst Du Dich ja immer mehr von mir."

Tatsächlich hat Helmut Gansterer etwas Nomadisches an sich, sucht Nähe, indem er das Weite sucht, und wundert sich, dass es die anderen meist nicht so halten.

Jetzt wird es komplizierter. Ich zitiere Adam Bronstein (der mit Philipp Waldeck und Helmut Gansterer so etwas wie eine unheilige Dreifaltigkeit bildet und in lange verwehten Zeiten, als das *Diners Club Magazin* noch anregend klug und aufregend sinnlich war, das *Tagebuch eines Kapitalisten* schrieb), ich zitiere also Bronstein, wie er Stanislaw Lec zitiert: „Wer seine Rolle im Leben begriffen hat, sucht sich beizeiten ein Double."

Folge ich nunmehr einer auch unter Intellektuellen recht verlässlichen Binsenweisheit, die da meint: „Sage mir, wen du zitierst, und ich sage dir, wer du bist", ist dieser BronsteinWaldeckGansterer womöglich einer, der sich treu bleibt, indem er sich selbst hintergeht, hemmungslos verspielt und gnadenlos präzise.
So ist eben das Buch über den Mann von Welt ein gewichtiges, schlankes Werk geworden, ein zielführender Irrgarten, eine Märchenwiese, auf der kerzengerade Gedanken blühen – und ein Buch für Sie, liebe Leserinnen und Leser von Welt. Kein weiteres Wort soll Sie von seiner Lektüre abhalten.

Alfred Komarek

DER MANN VON WELT VON GESTERN. DER MANN VON WELT VON HEUTE.

*Der eine ist ein Dinosaurier, vom Aussterben bedroht.
Der andere ist eine leise, sensiblere Art von Elite.*

»Nur wer sich stets verändert, bleibt sich treu.«
Konfuzius

Dieser Satz galt lange Zeit als fernöstliches Rätsel. Heute wissen wir, dass er verblüffend einfach gemeint war. Nämlich so: In einer Welt, die sich täglich bewegt, kannst du deine Position nur dann halten, wenn du dich mitbewegst. Einer, der gestern als „Mann von Welt" galt (fortan abgekürzt MVW), wird ohne Veränderung zu einem MVW alter Art. Um als Heutiger zu gelten, muss er elastisch sein.

Ein schönes Bild dieser Notwendigkeit schenkte uns Ernest Dichter, der einst aus Wien in die USA auswanderte und im Exil zum „Motivations-Papst" wurde. Auf einer seiner Heimatreisen sagte er mir: „Das ganze Leben ist wie ein Rudern gegen den Strom. Wenn du aufhörst, treibst du ab."

Was den heutigen MVW im Detail vom gestrigen MVW unterscheidet, wird in diesem Essay später gesagt werden. Er ist zunächst als Vorwort gedacht, um generell zu erklären, warum dieses Buch geschrieben wurde und wie es am besten zu lesen wäre.

Da wäre beispielsweise die Frage der geschlechtlichen Einengung. Warum MVW, nicht auch FVW? Warum ist nur von Weltmännern, nicht von Weltfrauen die Rede?
Antwort: aus edelsten Motiven. Dass mir die hoch geschätzten Kolleginnen der liberalen Tageszeitung *Der Standard* zweimal die „Macho-Zitrone des Jahres“ verliehen, war durchwegs Justizirrtum. Ich schreibe aus Respekt nicht aus der Warte von Frauen, da ich niemals Mutter, Schwester, Geliebte war. Wie Joseph Conrad glaube ich: „Nur ein Elefant weiß, was es heißt, Elefant zu sein.“ Ich lege mich auch gerne fest: Ein Nachfolgeband *Die neue Frau von Welt* sieht mich nur als Koautor in submisser Dienerschaft einer Autorin.
Zweite Frage: In welcher Reihenfolge soll das Buch gelesen werden? Antwort: In beliebiger Manier. Die klugen Leserinnen und schönen Leser wissen am besten, auf welches Kapitel und Subkapitel sie gerade Lust haben. Das Buch ist nach dem Sushi-Prinzip der kleinen Häppchen geschrieben. Es soll „nachtkästchentauglich“ sein, als Ausklang eines schweren Arbeitstags. Die Reihenfolge ist egal. Ich empfehle sogar so zu lesen, wie eine Sau frisst, eher durcheinander als ordentlich nacheinander. Aus der Hirnforschung wissen wir, dass unser Gehirn unterfordert ist. Es hat Sehnsucht nach Ordnungsaufgaben.
Dritte Frage: In welcher Gemütslage sollte das Buch gelesen werden? Antwort: In einer möglichst offenen und hellenistisch-heiteren. Der Text ist seriös durchdacht, aber als Gebrauchs-Anleitung dem individuellen Geschmack der Leser überlassen. Wie schon der Bestseller *Darf man per E-Mail kondolieren?* (Der Knigge des 21. Jahrhunderts, Pichler Verlag) folgt es der Überzeugung, dass die Zeit der militärisch-strengen Anordnungen, die jeder Schimpanse auswendig lernen kann, um zum Über-Schimpansen und schließlich Alpha-Gorilla zu werden, vorbei ist. Es geht darum, möglichst alle

Alternativen darzustellen. Der erwachsene Leser wird sich auf der Suche nach dem persönlichen Ideal auch nicht dadurch irritieren lassen, dass die Vorlieben des Autors stilistisch durchschimmern.

Die *vierte Frage* führt uns zurück an den Anfang dieses Essays, der einen Unterschied des alten MVW vom neuen MVW verhieß.

Der *Mann von Welt* fängt historisch Jahrhunderte vor Erfindung des Begriffs an. Das Wort „Gentleman" wäre als Ur-Wort durchaus tauglich, hätte es nicht im Laufe der Zeit an Schärfe eingebüßt. Ursprünglich war es gemünzt auf Männer höherer Stände, die das Wort „Arbeit" nicht kannten, aber vorbildlich waren als Müßiggänger.

Am einfachsten war die Welt der Männer bis zur Mitte des 18. Jahrhunderts: wesentlich landwirtschaftlich, an den Rändern verziert mit Handwerk. Die Äcker, Wälder und Bodenschätze standen ausnahmslos im Besitz der Kirche oder von Kaisern, Königen, Herzögen und ihren sorgsam nach unten gestuften Standesgenossen. Sie saßen an allen Quellen des Reichtums. Wirtschaftswissenschaftlich ist von „Oligarchie" zu sprechen. Eine winzige Minderheit besaß, eine riesige Mehrheit diente.

Die Unterschiede im Besitz waren kein Gefälle. Sie waren ein Sturz von unermesslichem Reichtum in bodenlose Armut. Die damalige Vermögensverteilung darf man sich noch krasser vorstellen als die von heutigen russischen Oligarchen zu tschetschenischen Knechten.

Es mag sinnvoll sein, die früheren Verhältnisse nicht mit heutigen Linealen zu messen. Sie waren damals Alltag. Man kannte nichts anderes. Sie waren Gewohnheitsrecht für die Oberen, Gewohnheitsschmerz für die Unteren. Sie waren eine Stufe der Evolution.

Die Frage, wie der Idealbesitz eines MVW in Form und Fülle aussehen sollte, wäre bis ins 18. Jahrhundert gar nicht verstanden worden. Zwar gab es in den hohen Ständen eine faire Anzahl von Alkoholikern, Spielern und Syphilitikern und viele dünnblütige Geisteskranke als Folge der beliebten Inzucht, doch wurden diese Gentlemen in der Regel von ihren hohen Familien aufgefangen.
Alles war so, wie „von Gott gewollt". Die Wörter „Chancengleichheit" und „Einkommensgerechtigkeit" waren noch fern. Der Macht-Adel hätte sie als Witz empfunden, mit einem silberhellen Lachen aus Mündern mit schlecht geputzten, lückenhaften Gebissen. Der MVW von damals trug zwar Seide und Samt, war aber kein Appetithäppchen. So wird er nur in Hollywood-Kostümfilmen dargestellt. Er stank wie ein Iltis, fraß mit schlechten Zähnen und hatte schon früh die Gicht.
Vieles änderte sich mit dem 18. Jahrhundert. Es schenkte uns Genies wie Goethe, Hölderlin, Schiller, Voltaire, Mozart, Beethoven und Haydn, an deren Brüsten wir heute noch saugen. Es brachte auch eine politische und eine wirtschaftliche Revolution. Die politische brachte vorwiegend Leid, weil die Jakobiner und ihr jugendlicher Held Napoleon noch grausamer und herrschsüchtiger waren als die Klasse, die sie stürzen wollten. Umso wirksamer war die industrielle Revolution. Sie brachte die Maschine als neues Produktiv-Kapital neben der Menschenarbeit. Adam Smith, der „Vater des Kapitalismus," hat sie philosophisch unterfüttert. Sein Standardwerk *Wohlstand der Nationen* erschien 1775. Ein Jahr danach beschleunigte die Unabhängigkeitserklärung der britischen Kolonien in Nordamerika diese Entwicklung.
So kam ein dritter Stand nach oben, die so genannten Bürgerlichen, gebildet aus Industriellen, gewerblichen Zunfts-

Herren und den Wissenschaftern. Bald wurden sie zu *Großbürgerlichen*, misstrauisch beäugt von Adel und Kirche. Sie gaben sich zwar obrigkeitshörig und gingen sonntags zur Messe, zeigten aber einen unheiligen Eifer, irdische Ziele zu erreichen. Ihre Sache war nicht das Jenseits, sondern das Diesseits. Sie waren organisatorisch geschickt. Sie waren nicht-dekadent Sie waren dickblütig, konditionsstark und fleißig. Anfangs waren sie die „groben Reichen", vergleichbar den heutigen Neureichen. Sie lernten aber rasch.

Auf die Aristos schielend, lernten sie sich gut zu kleiden und feiner zu sprechen. Auf die Geistlichen schielend, suchten sie höhere Bildung. Anfangs bis zur Lächerlichkeit ungelenk, wurden sie mit jeder Generation geschmeidiger. Bald kam es zu Vermischungen. Junge Blaublüter fanden Gefallen an jungen Bürgerlichen, kreuz und quer, geschlechtsübergreifend. Man hatte einander viel zu schenken. Hier eine in Jahrhunderten gereifte Lässigkeit, dort eine neue Vitalität. Eine diffuse Schicht neuer Männer von Welt betrat die Bühne. Einzelne Bürgerliche wie Rothschild wurden nobilitiert, weil sie Kriege finanzierten und ihre Herzöge vor Konkurs bewahrten.

Eine exotische Art von MVW bescherte die Wende vom 18. zum 19. Jahrhundert. Sie brachte den neugierigen, reisenden Weltmann.

Als Idealtyp eines MVW dieser Zeit gilt Alexander von Humboldt (1769–1859). Der doppelbiografische Roman *Die Vermessung der Welt* des Österreichers Daniel Kehlmann, gemünzt auf Humboldt und den Mathematiker Carl Friedrich Gauß (1777–1855), wurde mit Recht ein Hyper-Bestseller. Kehlmann beschreibt Humboldt als mittig zwischen genial und geisteskrank. Wir entzücken uns schaudernd an Explorationen in Dschungel, Wüste und Gebirge, die noch

die Merkmale gottgewollter Überlegenheit weißer „Edelmenschen“ trugen: viel Geld, viele Diener, diplomatisch begünstigte Bedingungen in fernen Ländern, Missachtung religiöser Gefühle der niedrigen Anderen.
Die Industriellen verloren in dieser Zeit nicht an Terrain. Sie waren nur nicht geliebt an den Kaiserhöfen. Josef Werndl beispielsweise, wie alle metallurgisch Genialen in Steyr daheim (einst die ersten Sensen-Exporteure, Wellenschliff-Pioniere und Waffen-Entwickler), durfte trotz wichtiger Patente seine Pracht-Villa nicht bewohnen. Begründung: „Zu glanzvoll für einen Bürgerlichen.“
Ein Tipp am Rande: Eine dreistündige Steyr-Tour, umfassend Ur-Sense, Werndl, Steyr-Auto, Hartlauer-Brillenfertigung, BMW-Motorenwerk und das „Arbeits-Museum“, erspart je ein Semester Technik-Geschichte und Wirtschafts-Geschichte. Eine erstklassig verzinste Expedition ohne Lebensgefahr.
Es waren aber nicht die Tatkräftigen und Nützlichen, die das letzte alte MVW-Bild prägten. Es waren die *Elegants* des 20. Jahrhunderts. Jene, die mit *Titanic* und *Queen Mary* die Ozeane befuhren, die die übermütigen Zwischenkriegsjahre Berlins bestimmten und nach dem Krieg, frei nach Hemingway, Paris zum „Fest fürs Leben“ machten. Den Abgesang der alten MVW-Welt hat Thomas Mann besser als jeder andere beschrieben: mit den *Buddenbrocks*, dem *Zauberberg*, dem *Dr. Faustus* und dem *Tod in Venedig* und in seinen Reden gegen die Nazis.
Die nun folgenden Texte definieren in 11 Kapiteln und 57 Unterkapiteln den MVW neu. Nach 63 Jahren Frieden und Wohlstand ist dies nicht zu früh. Historiker sagen, diese Konstellation hätte es zuletzt 1400 vor Christus gegeben.

HAUPTBUCH

DER MANN VON WELT

in 11 Hauptkapiteln
und 57 Unterkapiteln

1.

WELTMANN und BESITZ

»Dinglicher Glanz kann eine stille Gefahr und weiche Falle sein.«

Ex-Mazda-Präsident Kenichi Yamamoto

DIE WOHLSTANDS-SPIRALE

Wie Besitz und Kapitalvermögen auf breiter Front wuchsen und als MVW-Merkmal unwichtiger wurden

»Wohlstand ist der Übergang von Armut zur Unzufriedenheit.«
Helmar Nahr (1931–1990), Mathematiker und Unternehmer

»Der Wohlstand beginnt dort, wo der Mensch aufhört, mit dem Bauch zu denken.«
Norman Mailer (1923–2007)

In diesem Kapitel ist die Rede von der richtigen Art des Besitzes. Da ist heute mehr Überlegung gefragt als in früheren Jahrhunderten.

Bis zum 18. Jahrhundert gab es diesbezüglich keine Fragen. Weder die Menge noch die Qualität des Besitzes ließen Zweifel offen. Die Oberen hatten vieles vom Besten, die Unteren wenig vom Schlechtesten. Die nun aufkommenden Bürgerlichen und Großbürgerlichen füllten die Lücke zwischen diesen Extremen. Sie genossen je nach Erfolg und Charakter alle denkbaren Besitz-Varianten: von viel vom Schlechten bis fast alles vom Guten.

Nach den Wirren des Zweiten Weltkriegs wurde in den 1950er-Jahren das jüngste Kapitel zum Thema Besitz aufgeschlagen. Bürgerlicher Besitz überholte in Summe endgültig aristokratischen Besitz. In frohen, progressiven Sprüngen

wurden nun auch „niedrig Geborene“ wohlhabend bis stinkreich.
Wer schon an der Quelle des Wirtschaftswunders, in den 1950er-Jahren, über „Kapital“ verfügte, konnte es umsichtig vervielfachen. Aber auch andere, die damals nur Energie, Einfallsreichtum und den unbedingten Willen besaßen, nach oben zu kommen, konnten Kapital akkumulieren. Hier liegt die Basis vieler heutiger Familienvermögen, darunter jener, die für demokratische Verhältnisse grotesk üppig sind. Die Superreichen aus Aristokratie und Bürgerschaft werden in ihrer volkswirtschaftlichen Bedeutung aber weit überschätzt. Das liegt an den Medien. Die Namen der superreichen Familien wurden von bunten Illustrierten immer gepflegt und gehegt, weil deren Mitglieder als Kunstmäzene positiv auffielen oder als dekadente, schwarze Schafe für köstliche Skandale sorgten.
Nach einer seit den Hethitern (rund 1400 v. Chr.) historisch einzigartig langen Friedens- und Wohlstands-Epoche (bei Drucklegung dieses Buchs: 63 Jahre) wurde in der Besitzverteilung aus Berg und Tal ein sanft gerundetes Hügelland. Heutiger Besitz und heutige Einkommen sind statistisch auf mittlerem Niveau breit verteilt. Subjektiv fühlt sich zwar jeder „ärmer, als ich's verdiene“, doch diese Statistik lügt nicht. In den deutschsprachigen Ländern ist sogar der Begriff „mittleres Niveau“ ein Diminutiv. Die Schweizer sind nach zwei umschifften Weltkriegen logisch eher reich als wohlhabend, doch auch die Kriegsverlierer-Nationen Deutschland und Österreich liegen im Pro-Kopf-Einkommen unter den Top Ten der hoch entwickelten Industriestaaten.
Viele verstehen diese schnelle „Wiederauferstehung“ nicht. Es mag sinnvoll sein, sie kurz zu erklären: Deutschland und Österreich hatten das „Verlierer-Privileg“, mit neuen Maschi-

nen wieder anzufangen, weil die alten Maschinen von den Siegermächten konfisziert oder vernichtet wurden. Es gab einen glücklichen Zwang zur Modernisierung. Verbunden mit einer gleichfalls geschenkten günstigen Schaffens-Mentalität (Fleiß, Zuverlässigkeit, Technikliebe, Genauigkeit, Neugier, Kreativität) sowie dem Segen eines ehrgeizigen, breiten Mittelstands (KMU, Handwerk, Gewerbe, Handel) kam es zu schnellem Kapitalzuwachs in den Kriegsverliererländern.

Weiters gab es eine letzte, günstige Zäsur, die weitgehend unbemerkt blieb. Das neue, bürgerliche Kapital wurde in den 1980er-Jahren erstmals auf breiter Front an bürgerliche Erben weitergegeben. Diese konnten – wie früher nur Aristokraten – schon auf hohem Niveau beginnen.

Unser sonniges Kernthema „Der neue Mann von Welt" ist mit dem Begriff „Besitz" auf merkwürdige, neuartige Weise verbunden.

Merke: Besitz allein ist heute kein Merkmal des MVW mehr. Es geht um die Art des Besitzes und die Verhaltensweisen, die daran geknüpft sind.

POLITIKER, UNTERNEHMER, MANAGER

Auch abstrakter Besitz unterscheidet den MVW von gestern und heute

»Wenn du den wahren Charakter eines Menschen erkennen willst, dann gib ihm Macht.«
Abraham Lincoln (1809–1865)

Ich halte es für sinnvoll, neben dem Thema „Weltmann und materieller Besitz" auch den abstrakten Besitz von Macht abzuhandeln. In diesem Punkt hat sich seit 40 Jahren viel getan.

Fangen wir mit einer provokanten These an: „Die wichtigsten Gesellschaftsveränderungen gehen von der Wirtschaft aus." Das mag wie der selbstgefällige Satz eines Kapitalisten klingen, ist aber die Grundthese von Karl Marx, dem historisch interessantesten Linken.

Mit Recht sah er in der Politik nur den Überbau, der das verwaltet, was die Ökonomie als Unterbau liefert. Auch die gesellschaftlichen Veränderungen seit der 1968-Revolution zeigen diese Reihenfolge. Die „Arbeiter-und-Studentenrevolution" kämpfte gegen Alltags-Diktatur. Man wollte die steilen Hierarchien einebnen. Gegner waren die alten Mächtigen in allen Lebensbereichen.

Witzigerweise gelang dies dort am besten, wo es am schwierigsten schien, in der Wirtschaft. Bis in die späten 1960er-Jahre galten dort jene als Männer von Welt, die auch herrisch auftraten. Es war selbstverständlich, Hierarchie deutlich darzustellen. Selbst in der nüchternen, der Effizienz verpflichteten Welt der Privatwirtschaft gab es immer noch die militärische Gewohnheit des lautstarken Anschaffens und blinden Gehorchens.

Das änderte sich verblüffend schnell. Militärische Befehlsmodelle wurden bald verlacht. Man achtete nun auf die Sprache. Man ersetzte das demütigende, auch inhaltlich dumme Wort „Arbeitnehmer" durch das respektvolle Wort „Mitarbeiter", das heute selbstverständlich klingt, aber erst 1970 erfunden wurde. Man ersetzte blinde Kommandos durch begründete Anweisungen. Man begriff den Wert der Motivation, der Mitsprache und der Mitbeteiligung. Zur Jahrhundertwende schüttete man sogar das Kind mit dem Bad aus: Beim New-Economy-Crash rund ums Millennium 2000 waren die Hierarchien der jungen Digital-Companys (auch „Start-Ups" und „Hot Shops" genannt) so flach geworden, dass keiner mehr wusste, wer der Chef war und die Richtung vorgab. Das wurde maßvoll rück-korrigiert.

Der neue MVW in der Wirtschaft, gleichermaßen gültig für Unternehmer wie Topmanager, ist darstellbar als natürliche Autorität, fachlich unangreifbar, ein neugieriger und wagemutiger Wegweiser, psychologisch so selbstkritisch wie selbstbewusst, respektvoll gegenüber allen Mitarbeitern, Geschäftspartnern und der Umwelt. Als ethisch-ideal wird er empfunden, wenn er (1) dank seiner Innovations-Ideen jene Arbeitsplätze bewahrt, die sonst durch Kostendruck und Produktivitätsfortschritt verloren gingen. Und sich (2) als Langfrist-Stratege gegen die Kurzfrist-Gier der Aktionäre durchsetzt.

Wie sehen hingegen die Fortschritte in der Politik seit 1968 aus? Schwer zu sagen. Der rabiate Hochmut früherer königsgleicher Minister, Kanzler und Präsidenten ist gewiss weg. Doch die neue Volksnähe wirkt irgendwie künstlich, auch als feige Reaktion auf die Medien, die ab den 1970er-Jahren übergangslos von Hofberichterstattern zu Henkern wurden. Heute wäre ein Politiker als neuer MVW willkommen, der kein Opportunist wäre. Einer, der tapfer seine Überzeugung vertritt, auf Zwischen-Umfragen pfeift und auf eine kluge, schweigende Mehrheit der Wähler vertraut. Auch einer, der ohne Rücksicht auf verschwitzte Parteigenossen sogar den politischen Gegner lobt, wenn er's verdient. Ein Typ dieser Art würde schon heute mehr Wählerstimmen kriegen als er bräuchte. Aber er ist, um es freundlich zu sagen, erst im Kommen.

Eindrucksvolle Weltmänner sind in der Politik der EU-Länder fast ausnahmslos in Gestalt der Bundespräsidenten zu finden, die von den Alltagsquerelen befreit sind, vereinzelt auch in den Außenministern, die aber immer öfter Frauen sind.

NEUREICHE UND ALTREICHE

Die demokratischere Verteilung des Geldes brachte auch neue Armut namens Protz

»Mit dem Reichtum fertig zu werden ist auch nicht leicht.«
Ludwig Erhard (1897–1977),
Wirtschaftswunderbundeskanzler Deutschlands

Man redet nicht gern darüber, es muss aber gesagt sein: Die grundsätzlich erfreuliche Ausweitung von Wohlstand und Reichtum hat ihre Schattenseiten.

Die horizontale Besitz-Verteilung geht nun schon ein halbes Jahrhundert vonstatten, doch immer noch sind die altreichen Besitzer angenehmer als die neureichen. Dies hat wenig mit Intelligenz und Manieren zu tun. Es ist eine Sache der Logik und Übung.

Wer Reichtum seit Generationen gewöhnt ist und schon beim Großvater und Vater erlebte, sieht darin nichts Besonderes. Er trägt diese Bürde entspannt und ohne Aufhebens. Er würde niemals in Nebensätzen oder gar in Hauptsätzen darauf hinweisen, dass der Mantel aus Kaschmir, das Sakko aus Zegna-Stoff oder der Mercedes ein schusssicheres Sondermodell ist – „Kostenpunkt 300.000 Euro". Schon gar nicht wird er verraten, der feine, etwas dumpfe Friedhofsduft seiner Persönlichkeit rühre vom strengen Juchten der Eau-de-Toilette-Serien des Hauses Knize her, die so teuer sind wie schweres Wasser für Atommeiler.

Es macht sogar einen Unterschied, ob ein gelehriger Neureicher gelernt hat, über diese Dinge zu schweigen, oder ob ein Altreicher darüber nicht spricht. Das eine wirkt angestrengt, das andere natürlich – etwa so, wie die Sinnlichkeit neuer Windows-Computer künstlich anerzogen wirkt, während jene des Apple Mac von Grund auf da war.

Die Noblesse der Altreichen ist angenehm. Ein Verdienst ist sie nicht. Der Reichtum hat sie immer so natürlich begleitet, dass sie gar nicht auf die Idee kommen, darüber zu diskutieren. Das schiene ihnen unverständlich wie eine Diskussion über Schwerkraft.

Hollywood hat die unterschiedlichen Welten der Armen, Wohlhabenden, Neureichen und Altreichen in vielen Filmen recht gut dargestellt. Zwei Dialoge sind in Erinnerung.

Der Arme: „Man kann um Geld nicht alles kaufen." Der Reiche: „Ach, sagt man das immer noch?"

Der Neureiche: „Ich fahre einen Rolls-Royce." Der Altreiche: „Ach, gibt es noch anderes?"

Diese Witze liegen näher an der Wahrheit, als man vermuten möchte. Auch jener, der mit der Frage beginnt: „Wie kennt man den Bentley eines Neureichen und Altreichen auseinander?" Antwort: „Der eine steht direkt vor dem Restaurant und ist frisch gewaschen. Der andere steht in der Nebengasse, angestaubt, das Interieur von Hunden vergammelt."

Wie schwer es ist, mit neuem Geld halbwegs weltmännisch aufzutreten, zeigen seit 1989, dem Zusammenbruch des Kommunismus, die neuen russischen Klein- und Groß-Oligarchen. Sie verpesten die Nobelhotels aller Hauptstädte. Und rauben eleganten Alt-Orten wie Nizza, Antibes, Deauville, Florenz, Baden-Baden, Kitzbühel und Salzburg viel von ihrer gewachsenen Würde. Wobei nicht sicher ist, was peinlicher ist: die Russen, die mit Geldbündeln wedeln und

Dom-Perignon-Champagner im Sechserpack bestellen, oder die örtlichen Restaurant-Patrons, die mit seifigem Lächeln das Russen-Geld nehmen und hinterrücks schimpfen.

Man soll aber nicht alle über den gleichen Leisten scheren. Speziell im deutschsprachigen Raum gibt es erstaunlich viele junge Leute, die seit der Digitalisierung in den 1980er-Jahren zu viel Geld kamen (oder damals die ersten Wirtschaftswunder-Erben der Nachkriegszeit wurden) und damit angenehm umgehen. Andererseits gibt es vereinzelte Beispiele von Altreichen, die wie Saurier wirken. Jüngst starb ein Großbürger und Industrieller, der dafür bekannt war, seinen 70-jährigen Sohn als „meinen Junior, der noch nicht reif für die Übernahme ist", zu bezeichnen, der gerne seinen Chauffeur vor Gästen demütigte (auch wiederholt entließ und „in Gnaden" wieder einstellte) und eine Gravität zu gestrigen Allmachtspolitikern zeigte. Er sah sich selbst als letzten Weltmann, wäre aber der letzte gewesen, der nach heutigen Maßstäben als MVW in Frage käme.

Grosso modo gilt freilich: Kluge Neureiche können sich von Altreichen vieles abschauen. Spontan fällt mir noch folgendes ein:

Altreiche haben gelernt, dass beim Einkauf das Gegenteil eines Werbespruches gilt. Geiz ist nicht geil. Auf lange Sicht kommt es immer billiger, das Beste zu kaufen, und das Beste ist fast immer das Teuerste. Man landet schließlich ja eh dort. Die halbherzigen Zwischensprünge kosten nur Geld.

Europäische Altreiche und viele Amerikaner (weniger die Asiaten, Afrikaner, Araber) halten ihre Kinder kurz. Von Österreichs namhaften Schulen wissen wir, dass Aristokraten-Kinder durchwegs weniger Taschengeld bei sich haben als ihre Mitschüler aus einfachen oder neureichen Familien. Begründung: Die noch nicht ans Geld gewöhnten Eltern wollen, dass es ihren Kindern jetzt besser geht, als es einst ihnen gegangen ist. Die an Geld gewöhnten Eltern hingegen wissen schon, dass zu viel Geld in zu jungen Jahren verheerend wirken kann. Wer schon früh alles bekommt, wonach er schreit, ist nicht für die Fährnisse des kommenden Erwachsenlebens gerüstet. Er baut keine Frustrationstoleranz auf, die später notwenig ist, um auch mit Schwierigkeiten, Rückschlägen und zwischenzeitlichen Entbehrungen fertig zu werden.

Gibt es irgendetwas, das die Neureichzeit der Altreichzeit voraushat? Antwort: Ja, es gibt jetzt eine witzige neue Philosophie, die auf den Erkenntnissen des letzten Absatzes aufbaut – siehe das nächste Kapitel.

Aufruf

VERSCHLEUDERN SIE DAS GELD IHRER ERBEN

Plädoyer für Ausschweifung und Grausamkeit: Geben Sie Ihr sauer verdientes Geld selbst aus. Lassen Sie die Nachkommen im Regen stehen. Das ist besser für beide Seiten.

»Geiz ist das einzige Laster, das sich in den Augen der Nachkommen in eine Tugend verwandelt.«
Martin Held (1908–1992), Schauspieler

Dieses Buchkapitel orientiert sich an einem Essay, den ich für das Wirtschaftsmagazin *trend* schrieb: ein seriöser Aufruf, als neuer MVW den Egoisten in sich zu wecken. Spendieren Sie Ihr Geld für den wunderbaren Menschen, den sie vom täglichen Rasieren (oder vom täglichen Schminken) kennen – und für jene, die ihnen zu Lebzeiten dienlich sind. Hinterlassen Sie keinen Cent. Das hat zahllose Vorteile und keinen Nachteil. Als Nebenprodukt warnt dieses Kapitel auch vor den tödlichen Gefahren des Geizes.

Big Spenders verbessern die Volkswirtschaft, die Gesundheit und Schönheit

Zunächst geht es um die keineswegs selbstverständliche Fähigkeit, das Geld gerne auszugeben. Wer seine Kohle lustvoll in Umlauf bringt, wirkt segensreicher auf die Volkswirtschaft als einer, der es einfriert. Er schafft eine Atmosphäre des Gebens und Nehmens. Er erhöht auch die persönliche

Leistungsfähigkeit. Erstens ist ein fröhlicher Ausgeber auf natürliche Weise vitaler. Er weiß schließlich, wofür er hart arbeitet. Außerdem ist er gezwungen, das lustvoll spendierte Geld wieder zu verdienen. Er bleibt am Ball und zeigt einen gesunden Zug zum Tor.

Wissenschaftliche Abhandlung über die Natur des Geizhalses

Ich bin schon deshalb für das Motto *Hard work and hard play*, weil ich als Präsident der „Österreichischen Gesellschaft zur Vernichtung der Geizkrägen" amtiere. Mit Entsetzen habe ich beobachtet, was Engherzigkeit und verschwitze Geld-Sammel-Leidenschaft aus Menschen macht.

Das abschreckendste Beispiel war der Mega-Milliardär Paul Getty. Solange er noch keine 100.000 Dollar besaß, gab er großzügig Trinkgeld. Ab zirka einer Million Dollar gab er nur noch wenig. Ab einer Milliarde Dollar nichts mehr. Da benahm er sich wie manche Aristokraten, Schauspieler und Hochleistungssportler: Man möge sich gesalbt fühlen, sie bedienen zu dürfen.

An Gettys Beispiel können wir auch ablesen, wie Geiz dem Körper zusetzt. In den Anfängen hatte Getty einen prächtigen, aufrechten Gang. Als er mäßig wohlhabend war, immer noch ein frisches Antlitz. Später, als ihn Reichtum und Geiz wie ein Schlaganfall trafen, kroch er gebeugt und hässlich aus *stretched limousins*. Den Wagenmeistern, die ihm den Schlag aufrissen und unauffällig die Hände zu Tellern wölbten, schenkte er weder Gruß noch Geld. Jede der Lohndiener-Enttäuschungen grub sich in sein Gesicht. Es wurde faltig und warzig. Die Haare flohen ihn. Sie fielen aus oder wuchsen durch Nase und Ohr.

Getty war nicht der einzige berühmte Geizkragen. Er war nur der bedeutendste seiner Gattung. Auch Conrad Hilton zählte dazu. Er schrie vor Schmerz, als ihm einst Werbepapst David Ogilvy 100 Dollar abknöpfte. Mr. Hilton hatte gewettet, er würde nie ein Text-Inserat lesen. Ogilvy nannte ihm nur den Titel und gewann: „Alles über Conrad Hilton."
Allerdings war auch Ogilvy ein Geizkragen. Aber nur insofern, als er Schotte war. Verschwendung im Kleinen war ihm suspekt. Er begriff aber den Gedanken der großzügigen Investition in gute Mitarbeiter und Kunst. In seinen reifen Jahren rettete er das Schloss Touffou in Frankreich.

Die Geizkrägen des Alltags und der Sonderfall Frauen

Mengenmäßig schlimmer sind die Geizkrägen des Alltags, davon erstaunlich viele Manager. Das sind jene, die zu Weihnachten und an Freundesgeburtstagen immer grad in Indonesien sind. Oder die sich ins große Sacher in Wien einladen lassen und sich dafür im kleinen Sacher (dem Würstelstand bei der Albertina) revanchieren.
Interessanterweise darf nur von männlichen Geizhälsen gesprochen werden, obwohl Frauen im Schnitt ungleich kleinlicher sind. Typischer Fall: Patricia Highsmith, eine der besten und reichsten Krimi-Autorinnen. Im Wiener Nobel-Café Demel holte sie seufzend einen hohen Betrag Münze um Münze aus ihrem großen Portemonnaie. Dieses an Hühner erinnernde Körndlpicken kann man auch an jeder Supermarktkassa beobachten. Als ich Nobelpreisträger Konrad Lorenz darüber befragte, verbot er mir, dies jemals mit Geiz in Verbindung zu bringen. Bei Frauen sei dies unter „Brutschutz" zu subsumieren.

Ausschweifende Geldausgabe verzinst sich

Das Geld gehört nicht unter die Matratze oder für die Erben gehortet, sondern unter die Leute gebracht. Mit dem schönsten Resultat, wie mein Großvater sagte. Er war zwar bettelarm, aber hoch philosophisch: „Das Geld, das du beim Fenster hinauswirfst, kommt bei der Tür wieder herein." Das ist die bislang schönste Umschreibung der Investitions-Idee: Wer nichts gibt, kriegt keine Zinsen. Wienerisch: *Ohne Göd ka Musi* (für die LeserInnen in Deutschland und Schweiz: „Ohne Geld keine Musik").

Gleichartige Menschen erkennen einander. So auch die Großzügigen und Lebenslustigen. Sie teilen nicht nur die Rechnungen in teuren Etablissements, ohne lange nachzusehen, ob der eine oder andere mehr konsumiert hat. Sie teilen auch ihre Visionen und Ideen. So befruchten und helfen sie einander, das Geld, das sie ausgaben, wieder einzunehmen. Der neue MVW gleicht darin dem MVW von früher.

Fazit für Erben und Erblasser

Es gibt heute viel Geld auf der Welt. Vor Jahren moderierte ich unter der Fuchtel von Regisseur Karl Hohenlohe (zugleich Aristo, Schriftsteller und Gourmet) die dreiteilige ORF-TV-Serie *Die Erben*. Wir waren dahintergekommen, dass nun die erste große Welle bürgerlicher Nachkriegs-Erben anbrandete.

Es gibt wenige Weise unter ihnen, die gut mit dem Geld umgehen können. Die meisten allerdings wirken wirr und unglücklich. Es scheint nicht einfach zu sein, mit geschenktem Geld zu leben. Das ist schade. Manch großer Geist, vom Alltag unbelästigt, könnte der Welt ja große Werke schenken.

Merkwürdigerweise entstanden die Meisterwerke aller Künste eher im Schatten der Armut. Toulouse-Lautrec, Matisse, Monet, Ernst Korngold und Franz Werfel waren rare Ausnahmen. Späteres, selbst verdientes Geld war nie ein Problem. Literatur-Nobelpreisträger Saul Bellow: „Die spätere Sorglosigkeit hat mich nie müde, nur besser gemacht."

Alles spricht dafür, dass Erblasser ihr Geld selbst verjubeln sollen. Sie machen damit sich und ihren Gefährtinnen viel Freude im Diesseits. Und bewahren ihre Erben vor Dekadenz, Siechtum und Freitod.

Die englische Sprache ist manchmal feiner als die hoch gelobte Dichtersprache Deutsch. Sie kennt zwei Hauptworte für Glück. *Luck*, das zugefallene Glück und Geld, ist ein Teufelsding. Jeder zweite, der *lucky* war, fackelt sich mit dem Lotteriegewinn oder Erbe ab und ist bald schlechter dran als zuvor. *Happiness*, das selbst erworbene Glück und Geld, ist eine Himmelsleiter.

DAS BESTE BUCH ZUM GELD

Über Hans Haumers Werk „Reichtum“

»Die Phönizier haben das Geld erfunden – aber warum so wenig?«
Johann Nepomuk Nestroy (1801–1862)

Ich habe viele englisch-amerikanische und fast alle deutschsprachigen Bücher über „Geld und Leben“ und „Geld oder Leben“ gelesen. Ich weiß nun tausend trübe Stunden hinter mir. Die Qualität dieser Bücher steht in krassem Gegensatz zu ihrer Menge. Ich wünschte mir ein Sonderlob der LeserInnen, dass ich mich stellvertretend durch diesen bitteren Brei fraß und jetzt das beste Buch nennen kann.
Es erschien in der Reihe „Der österreichische Essay“, die ein Freund erfand: Leo Mazakarini, Leiter der Verlage Kremayr & Scheriau/Orac, beruflich ein alter Hase mit langen Löffeln für Qualität. Die knapp 130 Seiten lange, luftig gesetzte Nr. 2 dieser Reihe wurde von einem interessanten Autor geschrieben: Hans Haumer, einst wichtiger Banker in Wien, am Piano gelobt für seine Klassik-Interpretationen, heute Vertrauter von Anlegern in Liechtenstein.
Titel: *Reichtum*. Untertitel: *Metamorphosen eines Menschheitstraums*. Das Buch ist inhaltlich und stilistisch eine Sternstunde. Es ist die gültige Antwort auf die Frage, ob viel Geld die Menschen wirklich mächtiger, erotischer und glücklicher macht. Pflichtlektüre für den MVW.
Inhaltlich fehlt gar nichts, eine glitzernde Fundgrube. Sti-

listisch verzeichnen wir Eleganz. Kein Wort zu viel, keines zu wenig. Fettränder gibt es nur dort, wo sie als Geschmacksträger der Sprache wichtig sind.
Selbst Haumers Bildungs-Eitelkeit kommt dem Buch zugute. Sein wacher Sinn für Etymologie etwa fördert verblüffende Wortdeutungen zutage. Textbeispiel: „Von den begüterten Römern wurde Arbeit konsequenterweise *neg-otium* oder Nichtmuße genannt, für die Masse wurde sie zur *labor*, was wörtlich Wanken unter einer Last bedeutet."
Haumer war als Rechercheur fleißig. Er bediente sich nicht nur aus griechischer Mythologie und römischer Geschichte. Als Kunstsinniger nahm er auch aus den Regalen von Theater, Film, Literatur und Musik. Besorgniserregend allenfalls, dass er auch aus *Ladies' Home Journal* zitiert.
Die Fundstücke ruhen schön verteilt im Skelett der Zwischenüberschriften, die einen guten Überblick über den Inhalt geben: *Metamorphosen; Reiche Illusionen; Reich zwischen Himmel und Hölle; Reichtum für Alle; Reich durch Wissen; Der Reichtum der Seele; Reichtum und Ewigkeit; Das Projekt Mensch.*
Es war stimmig, den Buchinhalt mit eigenen Erfahrungen aus 30 Jahren Wirtschaftsjournalismus abzugleichen. Als Schmetterlingssammler vieler Mächtiger, Berühmter und Reicher fand ich im Buch alles wieder, was in diesen Begegnungen fühlbar geworden war. Haumer hat die Gefahren und die Freuden des Geldes korrekt gewichtet.
Ich habe auch Bill Gates (Microsoft) darin wiedergefunden, den ich früh kennen lernte und in manchen Häutungen erlebte. Er schenkte mir als damals reichster Mann die kürzeste Antwort auf die Frage: „Wie lebt es sich mit 50 Milliarden Dollar?" Er sagte, ins Nestroy-Österreichische übersetzt: „Klass!"
Das soll jene beruhigen, die sich von Zweiflern und Pfaffen

einreden ließen, viel Geld mache zwingend unglücklich. Wer gut damit umgeht und zu teilen versteht, kann gut damit leben. Garantiert unglücklich macht nur zu wenig Geld. Kaum einer ist heute in der Lage, wie Diogenes zu leben, der trotz seines inwändigen Lebens eine Art Mann von Welt war.

Zurück zum Buch *Reichtum*. Autor Hans Haumer stellt ihm einen Satz voran, der als ein Schlüsselsatz für den neuen MVW leuchtet: „Geld ist nur etwas wert, wenn es Geist wird."

Immobilien (I)

HOME & CASTLE

Das Individuelle der wichtigsten Investition

»Manche Architekten kennen den Unterschied von Castle und Kastl nicht wirklich.«
Wolf Prix, Coop-Himmelb(l)au

Immobilien und Lebensversicherungen sind die zwei großen Themen des umsichtigen und vorsichtigen MVW, sofern er Familie hat.
Für Singles gelten keine Regeln. Dort werden auch jene Freigeister bewundert, die auf dieses Thema keinen Gedanken verschwenden. Vor allem die international gesuchten Freiberufler und Künstler bewegen sich gern nach der Melodie eines Satzes des Alten Testaments: „Und siehe, er kam hüpfend über die Berge." Sie mieten sich durchs Leben. Niemand hat dies lässiger formuliert als Marcel Prawy, der Freund aller Opernfreunde und Darling aller Opernstars, der seinen Hauptwohnsitz im Wiener Hotel Sacher hatte, samt seinem peniblen Archiv, das aus sorgsam geordneten Plastik-Sackerln bestand. Prawy sagte: „Es gibt nix Schöneres, als viel zu verdienen und wenig zu besitzen."
Gleichwohl schaffen sich auch viele Wandergesellen Immobilien an, aus ähnlichen Gründen wie normal Sterbliche: ein Häuschen oder Schloss als Alterssitz, dessen Betriebskosten man sich auch als Silberpanther nach der Karriere noch leisten kann; oder mehrere Immobilien, sofern sie als Sachanlage Mietertrag bringen und nach betriebswirtschaftlichen

Erwägungen wenigstens kostenneutral sind. Mit dem Vorteil auch im unwahrscheinlichen Supergau eines Geldverfalls nicht gänzlich wertlos zu werden.

Ob du wertvolle Bausubstanz wie Schloss Gabelhofen bei Fohnsdorf vor dem Verfall bewahrst, der Kunst öffnest und als eines deiner behaglichen Eigenheime nützt, wie dies der erfolgreiche Industrielle Helmut Zoidl vorlebt, oder eine stille Hütte am Waldrand nach deinen Bedürfnissen baust, ist deine Sache. Es unterliegt dem Privileg des Individualismus. Eine moderne, aufgeklärte Zivilisation macht da keine Unterschiede. Ob einer als MVW gilt, hängt heute ausschließlich von seiner Persönlichkeit und der Authentizität seines Besitzes ab. Niemand wird in Abrede stellen, dass der vielsprachige Wissende Marcel Prawy ein Weltmann war, obwohl er ein hohes Bankkonto und liebevolle Hotel-Verwöhnung dem eigenen Stadtpalais vorzog.

Alles, was stimmig ist, stimmt.

Immobilien (II)

DER ZWEITWOHNSITZ

Die große Enttäuschung

»*Manche Vereinsamung kostet Millionen.*«
Paul Watzlawick (1921–2007)

In den 1970er-Jahren entdeckte ich, dass nicht jede Immobilie die Wünsche ihres Besitzers erfüllt. In diesem Jahrzehnt kam es zu einer Flut von Zweitwohnsitzen. Alle Freunde hatten neben Haus/Wohnung in Wien plötzlich einen Landsitz, vom Fischerhaus bis zum Almgehöft.

Man verschuldete sich aus angeblich ökonomischer Vernunft. Die sogenannten Erdölkrisen (korrekter: Erdölpreiskrisen) von 1973 und 1979 hatten die Inflation angeheizt, was Sachanlagen wie Häuser und Gold interessanter machte. Leider war der Vernunfts-Vorwand künstlich. Man nützte die Gelegenheit für ein damals begehrtes Status-Symbol. Man glaubte, ohne Zweitwohnsitz kein MVW zu sein. Dergleichen ist ein schlechtes Kaufmotiv. Es rächte sich auch. Alle wurden unglücklich. Die Kosten waren fast doppelt so hoch, die Ängste auch. Lebte man auf dem Land, fürchtete man in der Stadtwohnung Einbrecher oder einen laufenden Wasserhahn. Die Ehefrauen hatten die doppelte Arbeit und die jahreszeitlichen Umzüge satt. Die Kinder verweigerten die Zumutung, alle Ferien in der Landhütte zu verbringen und pflichtschuldig die Glücklichen zu spielen. Sie verweigerten ihren Beitrag zu einem Gefühl der „indirekten Amortisation“. Das eigentliche Ziel wurde nicht erreicht. Niemand bewunderte das Statussymbol. Alle Freunde warteten auf die Besuche aller anderen. So warteten alle und keiner kam. Außer mir. Ich war Single zu jener Zeit und lebte wie Prawy im Hotel. Auf meinem mächtigen, metallisch schimmernden Motorrad galoppierte ich als einziger Ritter der Tafelrunde zu den neuen, entlegenen Burgen der Freunde. Ich schaute, lobte, tröstete und vernahm das Leid. Weshalb ich heute dieses Kapitel so glattweg schreiben kann.

STATUSSYMBOL NR. 1

Die Vielfalt der Entscheidungen

»Autos und Bikes sind seelisch unentbehrlich. Anders als die Öffis bringen sie mich dorthin, wo keiner ist.«
Phil Waldeck

Je nach Temperament wird man beklagen oder verlachen, wie die Automobil-Industrie von Ahnungslosen eingeschätzt wird. Man zählt sie allen Ernstes zur Alt-Industrie, weil das Auto länger da ist als PC und Handy. Tatsächlich ist das Auto noch immer vitaler unterwegs als die beiden anderen „wichtigsten Produkte des 20. Jahrhunderts". Es bietet zehnmal mehr Elektronik und Digitaltechnik als diese. Das lässt sich schon deshalb leicht sagen, weil ambitionierte Marken wie Bentley, Maybach und Rolls-Royce in der Regel zwei internetverbundene PC und vier Handys eingebaut haben.
Der neue MVW wird dahinterkommen, dass er als Kulturmensch mit 360-Grad-Verantwortung in drei Autos investieren muss:

✖ In ein Langstrecken-Geschäftsfahrzeug als Minister, Top-Manager, Unternehmer oder gefragter Vortrags-Künstler wie mein Freund und Seminarkabarettist Bernhard Ludwig („Anleitung zur sexuellen Unzufriedenheit"). Die Jahresstrecke dieser Herrschaften liegt zwischen 50.000 und 100.000 Kilometern. Die üblichen verdächtigen Autos heißen Audi A8, BMW 7, Mercedes S und Lexus L600, frischluftig ergänzt durch die kongenialen Sportwagen Mercedes SL und Porsche 911 Carrera Cabrio. In diesen Jahreskilometer-Sphären liegt die Gesamt-„Grün"-Ziffer (inklusive Ergänzungs-Produktions-Energie und Verletzungs-Koeffizient) bereits günstiger als bei Spar-Zwergen. Selbst besonnene Grüne vergessen oft die doppelte bis vierfache Lebenslaufzeit der starken Reise-Mobile und ihre aktive wie passive Sicherheit.

✖ In ein Stadtauto für die Tage des reinen *Commutings* in der Stadt oder vom Land in die Stadt, beispielsweise Smart (Mercedes), Mini (BMW), Polo (VW) oder Renault Twingo.

✖ In einen Oldtimer wie Bugatti 35, Jaguar XK 150 oder Porsche 356 Speedster, weil ein MVW höhere Qualen auf sich zu nehmen hat. Mindestgebot ist die Pflege *einer* erstklassigen schnellen Design-Skulptur.
Ich stelle mir gerne vor, die Zisterzienser des mächtigen Stiftes Heiligenkreuz im Wienerwald wären es gewesen, die im Gründungsjahr 1133 den schönen Satz fanden: „Tradition ist nicht die Anbetung der Asche, sondern die Bewahrung des Feuers." Dann würde der gegenwärtige Abt Gregor Henckel-Donnersmarck, der mich mit seiner Stimme, seiner Rhetorik und seinem Enzo-Ferrari-Selbstbewusstsein entzückt, meine vielen Freunde segnen, die Oldtimer als rollende Kunstwerke vor dem Verfall bewahren.

2.

WELTMANN und PERSÖNLICHKEIT

»Sollte Persönlichkeit nicht mit Höchstpersönlichem verbunden sein?«

Ernest Dichter (1907–1991)
Motivationsforscher

INNENLEITUNG STATT AUSSENLEITUNG

Die Karawane bellt, der Hund zieht weiter

»Der Starke ist am mächtigsten allein.«
Donald Duck in Momenten des Größenwahns

Die Welt schrie nach diesem Buch, weil man zwar ahnte, dass der MVW von heute ein anderer ist als der MVW von gestern, aber nicht wusste, wie und warum.
Neben den äußeren Attributen (siehe auch Einstiegs-Essay) liegt der Unterschied vor allem im inneren Selbstverständnis. Der Frühere trat zwar stolz auf und blickte auf den Rest der Menschheit mit elitärer Verachtung, war aber im Grunde ein Standardprodukt, weil er von früh bis spät darauf achtete, die Regeln seiner Kaste peinlich genau zu befolgen. Der Heutige ist praktisch das Gegenteil. Erstens tritt er nicht stolz, sondern selbstbewusst auf, was zwar ähnlich klingt, aber nicht ist. Zweitens blickt er mit Herzensbildung und Respekt auf den Rest der Menschheit, auch auf die Ärmsten. Drittens ist er ein Individualist, der sich keiner Kaste zugehörig fühlt, sogenannte Standesregeln zutiefst verachtet und tapfer seinen eigenen Weg geht.
Psychologisch: Er ist selbstbestimmt, nicht fremdbestimmt. Er ist innengeleitet, nicht außengeleitet.
Das macht ihn nicht automatisch zu einem angenehmen Mitbürger. Jenen vielen Gestrigen, die immer noch die Illusion pflegen, die Welt sei nur dadurch zu retten, dass man alle

6 Milliarden Erdenbürger gleichschaltet, muss er ein Dorn im Auge sein. Der neue MVW passt in kein krasses politisches Konzept. Mit einer „Äquidistanz des Ekels" mustert er Sozialismus und Faschismus. Beide Systeme zeigten in der historischen Praxis ein hässliches Antlitz, mit Privilegien für eine dünne Oberschicht und unmenschlicher Gleichschaltung der Masse. Jeder Halm, der höher wuchs, wurde beschnitten.

Das natürliche Biotop des neuen MVW sind fortschrittliche Demokratien, die Netze für die Schwächsten knüpfen, aber auch liberal genug sind, der positiven Entfaltung des Einzelnen nicht im Wege zu stehen. Kluge Politik wird dieses Ideal verfolgen, da es Menschlichkeit mit hohem Steueraufkommen verbindet.

Doch selbst in diesem Ambiente darf der neue MVW nicht mit unendlich viel Applaus und Zuneigung rechnen. Auch im politisch modernen Europa sind menschliche Schwächen wie Nachbarschaftsneid, Vereinsmeierei und Schrebergärtnerei nicht ausgerottet, die im stolzen Einzelnen eher ein Gegenbild sehen. Die stille Anfeindung wird oft von Basis-Boulevard-Medien unterstützt. Dagegen hilft nur heiterer Trotz: „Die Karawane bellt, der Hund zieht weiter."

Dieses Motto verlangt eine starke Persönlichkeit, diese wiederum Training und Pflege. Die folgenden Unterkapitel sind brauchbaren Übungen und Pflegemitteln gewidmet.

Faktor 2

DIE NEUGIER

Der wichtigste Jungbrunnen

»Das Neue ist notwendig,
wenn die Menschheit weiterleben will.«
Albert Einstein (1879–1955)

Dieses Kapitel dient der Rehabilitierung der Neugier. Sie wird als Eigenschaft unterschätzt, sogar verachtet. Tatsächlich aber garantiert sie ein immergrünes Leben. Um das NEUE als Urquell begreiflich zu machen, schildere ich drei authentische Fälle.

Man sagt, auch im Leid des Freundes liege etwas, das uns nicht gänzlich missfalle. Ich kann das bestätigen. Mit unverbrauchtem Entzücken erinnere ich mich an das Leid eines Freundes, dem seine Herzallerliebste vor rund zwanzig Jahren eröffnet hatte, schwanger zu sein. Er war verzweifelt. Erstens hatte er nicht damit gerechnet. Zweitens hatte er als Egoist seit Jahrzehnten vermieden, sich mit Kindern zu belasten. Drittens war er nun Mitte der Vierzig – „viel zu alt," wie er damals meinte. Als Hypochonder war er überzeugt, noch während der Volksschulzeit seines Kindes den Löffel abzugeben.

Die engeren Freunde beglückte er fortan mit einer Aufzählung aller Nachteile, die ihn erwarteten. Großes Kabarett. Er klagte, wir winselten vor Vergnügen. Heuer hat sein Sohn maturiert. Richtig blieb, dass er viel Kohle kostete. Die Vorteile überwogen aber dramatisch. Der Freund wurde in den

letzten achtzehn Jahren entschieden jünger, schöner und gesünder. Und geistig noch reger. Die Angst, er würde als typischer Spät-Papa-Dodl nur noch in Kinderkürzeln lallen, erwies sich wie alle anderen Ängste als unbegründet. Das NEUE in seinem Leben erwies sich als Jungbrunnen.
Ein im Prinzip ähnlicher, im Detail anderer Fall betraf einen Ternitzer Jugendfreund, hier mit dem Pseudonym Klaus Woltron bezeichnet. Er ging einst mit gemischten Gefühlen für seine damalige Firma nach Brasilien. Er fürchtete, in den Tropen schnell zugrunde zu gehen, so wie die britischen Verwalter indischer Gummiplantagen in den Romanen von Somerset Maugham. Die Wahrheit war: Als er nach Jahren zurückkam, sah er aus wie sein eigener Sohn. Zum Neid der daheim-gebliebenen Freunde konnte er sich nun auch in Portugiesisch und Spanisch verständigen. Wir fanden ziemlich affig, dass er fortan Bücher von Pessoa, Borges, Llosa und Marquez bei sich trug, im Original. Auch hier: Das zunächst unbequeme NEUE erwies sich als Doping.
Drittes Beispiel: Ein funkelnder Diamant im Collier Österreichs – Deckname: Markus Hengstschläger – kommt als Stammzellenforscher, der täglich mit NEUEM konfrontiert ist, derart bubenhaft des Weges, dass ich ihn in öffentlicher Diskussion verdächtigte, am eigenen Leib Experimente vorzunehmen.
Ein Indiz für die These, DAS NEUE sei der wesentliche Garant für Verjüngung und langes Leben, ist auch die Haltbarkeit der Frauen. Sie leben im Schnitt fast zehn Jahre länger als Männer. Man konnte sich diesen merkwürdigen Einfall der Schöpfung nie schlüssig erklären. Das Rätsel ist nun gelöst. Es hat damit zu tun, dass seit der Sesshaftigkeit in der Jungsteinzeit die Frauen die Rolle der Dorfwächter innehatten. Sie mussten alles Unbekannte beobachten und melden, bei-

spielsweise Fremde und Säbelzahntiger. Was heute als geschlechtsspezifische NEUGIER (Gier auf Neues) diskriminiert wird, ist ein Echo dieser wichtigen Aufgabe, zugleich der Hauptgrund ihrer höheren Lebenserwartung.
Alle Kinder haben abenteuerliches Interesse an Neuem. Wann dieses erlischt, ist ungewiss. Es hängt vermutlich von der Qualität der Eltern und Lehrer ab, später von Lehrherren, ersten Arbeitgebern und ersten Liebschaften.
Von Diskussionsveranstaltungen auf dem Land kenne ich Twens, die sich zu alt fühlten, um noch den Sprung in die Stadt zu wagen. Oder gar den gelernten, ungeliebten Beruf zu verlassen. Mit Scham sehe ich mich selbst im zarten Alter von 25 Jahren auf einem Felsen bei Ostuni sitzen, sehnsüchtig nach Italienisch- und vor allem Lateinkenntnissen (die mir als HTL-Schüler und Wirtschafts-Student versagt geblieben waren) und absurd resignierend: „Zu spät!" Entsprechend beschämend ist es für mich, wenn ich heute lese, Ex-Bankier Heinrich Treichl habe im Alter von 90 beschlossen, sein Italienisch zu perfektionieren. Ich hatte das Glück, durch meinen Beruf zurückgezwungen zu werden zu professioneller Neu-Gier. Aber hunderttausende Mitbürger sind Frühvollendete, die nur noch im Alten und Gewohnten verharren. „Das sind jene, die mit 30 sterben und mit 60 begraben werden", schrieb Adam Bronstein.
Therapie für Beschädigte: Erstellen Sie eine aufrichtige Liste Ihrer Gewohnheiten und ändern sie alle, die nicht erstklassig begründbar sind. Suchen Sie das Neue. Fangen Sie mit der leichtesten Übung an. Betreten Sie nicht nur die Stammkneipe, sondern eher neue Lokale. Jedes neue Café und Bar-Restaurant ist wie eine Reise in Feindesland, in dem Sie sich bewähren müssen. Dort werden alle fünf Sinne aufgefrischt. So wird aus dem Durst ein längeres Leben.

Faktor 2

DIE LOBLUST

Vom Lösen der Bremsen

»Natürlichkeit ist ein Gottesgeschenk.«
Helmut Pechlaner, Wiedererwecker des Tiergartens Schönbrunn

Die alte Schule der Erfolgspsychologen und Managementlehrer setzte auf Vorwärtsdrang. Die Doktoren beschworen ihre Patienten aus den Führungsriegen von Wirtschaft und Politik, positiv zu denken – notfalls mit Gewalt. Die Armen saßen dann eingeschüchtert in ihrer Ecke und murmelten wunderliche Sätze: „Ich bin schnell, stark und schön" und „Ich bin überhaupt der Größte." Das ging voll in die Hose. Die meisten wurden dadurch langsam, schwach und hässlich.

Die neue Schule geht anders vor. Sie nimmt eine Anleihe in der Formel 1. Dort sagt man, ein Rennen gewinne man nicht mit dem Gaspedal, denn Vollgasgeben könne jeder Gorilla, sondern durch richtigen Umgang mit den Bremsen.

Grundgedanke der neuen Erfolgspsychologen: Wir haben zu viele innere Bremsen, die wir behutsam lösen müssen. Es geht um die Freisetzung von Trieben, die seit der Kindheit in uns angelegt sind, aber im Wege des Erwachsenwerdens verschüttet wurden. Als Kind konnten wir gar nicht genug geliebt und gelobt werden. Das gilt zwar immer noch. Wir dürfen es aber nicht mehr zeigen. Das führt zu grotesken inneren Spannungen. Jeder gelobte Erwachsene denkt sich

zwar, der Lobende sei ein geschmackssicherer Mensch, der echte Qualitäten erkenne. Aber er zeigt nicht, was er denkt. Im Gegenteil zeigt er, dass er unangenehm berührt ist – roter Kopf, zusammengezwickte Knie und der Standardsatz: „Bitte sprechen Sie nicht weiter, dieses Lob habe ich nicht verdient.“ Das ist zwar blöd und unaufrichtig, aber leider die Regel, verbunden mit einem großen Nachteil: Einen, der sich anpinkelt, wenn man ihn lobt, lobt man kein zweites Mal.
Einen, der witzig darauf reagiert, gerne wieder. Ich kenne nur einen, der das konnte: Österreichs berühmtester Bundeskanzler Dr. Bruno Kreisky. Als ich ausnahmsweise einen positiven Kommentar über ihn schrieb – wir lagen kraft seiner Wirtschaftsauffassung in herzlicher Gegnerschaft – glaubte er mich konvertiert, nahm mich in seinen Arabien-Tross auf, drängte mich im Königspalast zu Riad in eine Ecke und sagte in seiner gedehnten Sprache: „Sie ... ahnen ... nicht ... wie viel ... Lob ... ich ... ertragen ... kann.“
Das war wunderbar, witzig, entspannend und lehrreich. Ich sage seither jedem, der mich lobt: „Sprechen Sie bitte weiter, das kann doch nicht alles gewesen sein.“
Tipp: Verwenden Sie künftig eine dieser Formulierungen oder eine dritte, eigene. Man wird Sie weiterhin gern loben, immer wieder. Sie werden durch die Befriedigung Ihres Urtriebs besser und besser werden. Es gibt keinen Erfolgstreibstoff mit vergleichbar hohem Wirkungsgrad wie Anerkennung.
Ein MVW, der diese Bremse nicht löst, ist keiner.

Faktor 3

DIE SELBSTLIEBE

Der wichtigste, derzeit geächtete Urtrieb

»Ohne Egoismus keine Evolution.«
Konrad Lorenz (1903–1989)

Nehmen Sie bitte das vorige Kapitel und ersetzen Sie „Loblust" durch „Selbstliebe." Auch dies ein Begriff, den eine sympathische, aber irregeleitete Generation von „Gutmenschen" ächtete.

Egoisten gelten derzeit als die schlechtesten Menschen der Welt. Weshalb es nur noch schlechte gibt. Denn Egoismus oder *selflove*, wie ihn der Erfinder des Kapitalismus, Adam Smith, nannte, ist unausrottbar. Gott sei Dank, sagen die Wissenschafter. Konrad Lorenz, den ich als Nobelpreisträger (1973, für Physiologie) kennen lernte, belehrte mich: „Ohne Egoismus kein Leben, keine Evolution." Der im Gegensatz zu ihm sanfte Sir Karl Popper assistierte: „Das kleinste Lebewesen, auch die Amöbe, ist in jedem Moment seiner Existenz auf eine Verbesserung seiner Lebensbedingungen ausgerichtet."

Egoismus ist ein Urtrieb, der immer hellwach ist und nur künstlich unterdrückt wird, um in einer scheinheiligen Gesellschaft nicht anzuecken. Mein Vorschlag: Junge Leute, die noch an ihrer Karriere und ihrem Nest für die junge Familie bauen, dürfen ihn offen zeigen. Ein bereits erfolgreicher, also „angekommener" MVW bewahrt seinen Egoismus, weil er eh nicht anders kann, überdeckt ihn aber durch einen Altruismus der neuen Art: leise, gezielt, unauffällig. Derzeit gibt es fast ausschließlich eine Wohltätigkeit, die mit unserem neuen MVW nicht vereinbar ist: jene, die nur stattfindet, wenn das Fernsehen zugegen ist. Diese *Charity* ist freilich besser als gar nix. Und viel besser als die schlimmste Form von Philanthropen, die es immer schon gab: jene, die trotz ihres Egoismus im Leben nichts weiterbringen, auf der Flucht vor sich selbst sind und eine letzte Karriere als Zwangsbeglücker suchen. Sie zerren alte Damen über die Straße, ob diese wollen oder nicht.

Vorbild

SIR PETER USTINOV

Nah am Ideal und doch kein Schnittmuster

Ort der Handlung: London
Zeit der Handlung: vor dem Ritterschlag Ustinovs

Brief 1, Buckingham Palace an Peter Ustinov:
„Können Sie in Ihrem Alter noch knien?"
Brief 2, Peter Ustinov an Buckingham Palace:
„Ich knie vortrefflich, kann nur nie wieder aufstehen."

Die vollendete Persönlichkeit, die in diesem Buch vom neuen MVW gefordert wird, ist praktisch nicht zu erreichen. Die Wahrscheinlichkeit gleicht dem Lotto-Sechser eines Mannes, der nicht Lotto spielt.
Das Problem liegt nicht in den äußeren Merkmalen. Da kenne ich wenigstens einen Mann, der diesem Ideal perfekt entsprach: Sir Peter Ustinov. Er vereinte alles, was Pessimisten für inkompatibel hielten: egoistischen Erfolg und global glaubwürdige UNICEF-Mitmenschlichkeit; Vielsprachigkeit, Charisma und Charity, Witz und Wehmut, den Wirbel der Weltberühmtheit und künstlerische Produkte der Stille, dazu eine Selbstironie, die frei von jeder Koketterie war, wie mir das Wiener Multi-Talent (Schauspieler/Regisseur/Autor) Heinz Marecek glaubwürdig versicherte. Marecek hat Ustinov von besinnlichen Zigarren-Stunden im Foyer des Wiener Hotels Imperial gut gekannt und in seiner hinreißenden Anekdoten-Sammlung *Das ist ein Theater* gewürdigt.

Selbst Sir Ustinov, der kein Vorbild sein kann, weil er die Latte zu hoch legt, wird in der Selbst-Schaffung seiner Persönlichkeit immer wieder gescheitert sein. Der neue MVW ist ständige Bildhauerei am eigenen Marmor-Block. Er ist *work in progress.*

GOLD UND BLECH

Dopinghilfen und Fallen auf dem Weg zum idealen MVW

»Achilles starb an vergifteter Ferse, das sagt alles.«
Phil Waldeck über die Heimtücke des Lebens

Wir halten uns in diesem Kapitel nicht mit Anfängern auf. Wir sind auf der Hochebene jener 10 Prozent der Bevölkerung, die durch die Quali kamen und der ideale neue MVW werden wollen. Dies verlangt zunächst die Überwindung körperlicher und geistiger Schmerzen. Dazu braucht es eine übergeordnete Kraft namens Wille. Der Wille allein kann körperliche Trägheit (Faulheit) und geistige Trägheit (Indolenz) überwinden. Da er nie da ist, wenn man ihn braucht, fallen 50 Prozent der Kandidaten aus.
Jeder Zweite der verbleibenden 50 Prozent will die Ausscheidung mit Erfahrung gewinnen, hat aber nie begriffen, dass Erfahrungen nur Erlebnisse sind, aus denen man eine Lehre zog.
Jeder Zweite der verbleibenden 25 Prozent will die Ausscheidung mit Sicherheitsdenken gewinnen, hat aber nie meine Oma gehört. Sie predigte in Steinberg bei Oberpullendorf zwei Sätze: „Sicher ist nur der Tod“ und „Vor Angst gestorben ist auch tot.“
Jeder Zweite der verbleibenden 12,5 Prozent schießt nun übermütig übers Ziel, macht Lärm um seine Person, was zu früh ist. Stille bringt weiter.

Jeder Zweite der verbleibenden 6,25 Prozent wählt auf den letzten Metern seine passende Geschwindigkeit. Igel und Hase kommen gemeinsam ans Ziel. Sie sind die Sieger aus jenen 10 Prozent der Bevölkerung, die ursprünglich für den Sieg in Betracht kamen.
Wir lernen aus dieser Rechnung, dass die Schweiz 23.723, Österreich 26.065 und Deutschland 257.013 neue Männer von Welt hat, die ich allesamt herzlich grüße.
Ein Spezialgruß geht an meinen indischen Freund Jawahartal. Er kritisierte mein Auswahlverfahren. Eine lange Reihe von Wiedergeburten hätte die Sache verfeinert. „Prinzipiell d'accord!", rufe ich Jawahartal zu. Inkarnationen sind eine tolle Sache. Nur fände ich es echt traurig, in dem Moment, wo ich endlich der neue MVW wurde, grad wieder eine Grille zu sein.

3.

WELTMANN und REISEN

»Reisen ist eine Form der Selbstverwöhnung. Das Fremde animiert Körper und Seele.«

Paul Theroux

GLOBETROTTER UND GLOBETROTTEL

Der Begriff „Mann von Welt" verlangt zweierlei. Erstens Mann, zweitens Welt. Reiselust ist unverzichtbar.

»*Nur Reisen ist Leben, wie umgekehrt das Leben Reisen ist.*«
Jean Paul

Der Engerling bleibt daheim, der Schmetterling fliegt davon. Der Engerling bleibt hässlich, der Schmetterling wird im Fernflug noch schöner. Angefärbt von neuen Instinkten, die in neuen Umgebungen wachsen, kehrt er immer prächtiger in seinen Blütenhain heim. Er ist im Flug klüger geworden, ob er wollte oder nicht. Er kennt nun neuen Honig von tausend neuen Blumen. Im Vergleich zu den Engerlingen, die zu Hause verharrten, ist er ein Schmetterling von Welt oder Weltschmetterling geworden.

Für menschliche Schmetterlinge gilt dies auch. Aber leider nur im Prinzip. Zwar ist der Lockruf „Auf und davon!" zauberisch. Er hat mehr Menschen in Besseres verwandelt als jeder andere. Der Reiseleidenschaft fehlt das Grausame der Spielleidenschaft, das Enge der Sammelleidenschaft und das Aggressive der Erfolgsleidenschaft. Und doch ist auch sie mit Fallen verbunden, in die schon Millionen von Männern tappten.

Sie reisen zur falschen Zeit. Sie reisen in falscher Gesellschaft

an falsche Orte. Sie reisen mit zu schwerem Gewicht, wie Schnecken, die ihr Haus mit sich tragen. Vor allem holen sie geistig nicht genug aus den Reisen heraus.
So werden sie oft nicht zu Globetrottern, sondern zu Globetrotteln. Das eine ist wichtige Grundlage für die Verleihung des Titels MVW, das andere für seine Aberkennung. Im folgenden Kapitel zähle ich acht Aspekte der „Kunst des Reisens" auf.

A n l e i t u n g

DIE KUNST DES REISENS

Acht Tipps

»Reisen ist das Entdecken, dass alle Unrecht haben mit dem, was sie über andere Länder denken.«
Aldous Huxley (1894–1963)

Motivation. Die einzig perfekten Beweggründe für Reisen sind Neugier, Forscherfreude und Wissensdurst – dieses prächtige Bündel an Antrieben, das so viele Explorer des 19. Jahrhunderts in die Fremde lockte.
Akzeptabel sind auch gesundheitliche Gründe. Wer seit dem umstrittenen Arzt Dr. Köhnlechner an die mystische Heilkraft der Kanarischen Inseln (speziell fürs HNO-System) glaubt, soll ruhig nach Teneriffa fliegen. Das kann psychosomatisch kein Schaden sein.
Zweischneidig sind berufliche Reise-Gründe. Man kann ihren Sinn nicht wegdiskutieren, aber mit Trauer registrieren, wie wenig die meisten Manager von den Ländern bewahren, die sie bereisen mussten. Japan-Exporteure reden oft nur vom dauernden Schuhe-Ausziehen und der Artistik der Köche am Teppanyaki-Herd.
Für dieses Buch logisch uninteressant sind Auslandsreisen zum Zweck, den eigenen Status in der Heimat zu erhöhen. Man erkennt die oberflächlichen Image-Gierigen daran, dass „Ihr Pedro", den sie zufällig kennen lernten, immer „der beste Koch Mexikos" war, und am Souvenir-Schund an den Wänden ihrer Wohnungen. Der MVW wird tolerant sein.

Er wird diese Leute nicht verlachen, aber ihre Nähe so wenig suchen wie die Gesellschaft von Brüllaffen.

Alter und Reise. Die Anfänge so früh wie möglich setzen. Glücklich jeder, der schon als Kind das „reiche und tiefe Wissen erfährt, das die Fremde beschert" (Goethe). Hier lag ein großer Vorteil englischer Aristo-Söhne. Sie wurden ab dem 18. Jahrhundert prinzipiell auf die „Grand Tour" geschickt, die große Kunstreise. Unbefangenheit und jugendlich-schnelle Lernfähigkeit führten zu hoher Verzinsung. Kinder aus armen, bildungsfernen, oft auch fremdenfeindlichen Schichten haben es darin bis heute schwer. *Good News*: Die Ferien-Austausch-Programme für Schüler sind heute zahlreicher, und manche Universitäten Österreichs fördern Auslands-Semester. Es soll auch Bankiers geben, die aus herzensgutem Kalkül langfristige Reisekredite an verheißungsvolle Jugendliche vergeben.
Man kann auch in hohem Alter die Reisefreude entdecken, sollte aber bezüglich der Anstrengungen keine Illusionen hegen.

Vorbereitung. Es gibt dazu zwei Schulen: gar keine Vorbereitung oder eine extrem genaue. Beides hat seine Vorzüge. Im ersten Fall fällt alles Neue wie Farbregen auf eine weiße Leinwand. Im zweiten Fall wird man die Details erkennen und besser ins Ganze einordnen können.

Sprache. Englisch muss sein. Keine natürliche Sprache oder Kunstsprache (Esperanto) kam einer Universalsprache je so nahe. Zu Reise-Sprachen drei Spezialtipps. Tipp A: Perfektionieren Sie täglich Ihr Englisch (BBC, CNN in TV/Radio, englische Gratis-Online-Medien laut vom Bildschirm lesen).

Tipp B: Üben Sie vor der Reise die Alltags-Floskeln des Ziellandes, die jeder Reiseführer als Anhang bietet. Man wird Sie in Obervolta schon wegen dieser kleinen Mühe als Freund ansehen. Tipp C: Pflegen Sie die Grundlagen aller Sprachen, die Sie je in der Schule lernten. Abschreckendes, authentisches Beispiel: Ich war an der Wirtschafts-Uni der beste „Spanier" unter dem strengen Prof. Lichtenegger. Dann reiste ich zehn Jahre durch Asien und die USA, wo nur Englisch gefragt war. Folge: Mein reicher Wortschatz verschlankte sich aufs heutige *Olé!*. Ich muss für kommende Reisen nach Südamerika wieder von vorn anfangen.

Gepäck. Es wird mit der Routine leichter. Sie brauchen nur die Hälfte der Kleider. Und keine siebzehn Bücher, sondern maximal ein schmales Buch zum Lesen unterwegs. Und nur eine Kamera und ein Objektiv. Ich weiß, wovon ich rede. Ich trug 13 Kilo Foto-Equipment, als ich 1979 in der ersten Gruppe reiste, die wieder nach Tibet durfte. Reisefreund Hermann Polz (Chefredakteur der *Oberösterreichischen Nachrichten*) trug nur eine Kleinbild-Minox mit 35-mm-Objektiv. Sie wog zirka 150 Gramm. Seine Bilder waren besser. Seine Werke erinnerten an Cartier-Bresson, der seinen Weltruhm ebenfalls mit einem 35-er (an der Leica) begründete. Hermann Polz ist bis heute der namhafteste Bild-Künstler unter den Schreibenden geblieben. Das ist aber nur ein Teil der Erklärung. Jeder Reisende macht bessere Bilder, wenn er sich darauf konzentriert, mit dem Auge eines einzigen Objektivs zu sehen.

Neben-Tipp: Wählen Sie ein erstklassiges digitales Reise-Zoom, das sie auf 35 mm (KB) fixieren und nur dann verlassen, wenn Sie *wirklich* Superweitwinkel oder Tele brauchen.

Erinnerung. Glauben Sie nicht, Ihre Reise-Begeisterung werde sich ewig in den Erinnerungen spiegeln. Unser Gehirn ist grausam und hierarchisch. Das Zweitschönste verblasst vor dem Schönsten, das Drittschönste wird unter Wasser gedrückt und dort unsichtbar. Wer seine Reisen nicht dokumentiert, wird sie bald nie gemacht haben.

Dokumentieren heißt immer: über Erlebnisse nachdenken. Das gefällt den Psychologen. Sie erklären uns seit jeher, dass Erlebnisse allein nichts sind. Sie werden erst dann zu Erfahrungen, wenn man aus ihnen eine Lehre gezogen hat. Daher gibt es leider viele Alte, die nicht klug, sondern dumm sind. Sie haben zwar viel erlebt, aber daraus nur wenig gelernt.

Reisekünstler. Die berühmten Reisenden wussten das. Sie reflektierten das Erlebte. Sie schrieben in den Nächten Tagebücher. Und überhöhten diese später als Forschungsberichte, wie Alexander von Humboldt, oder als Theaterstücke und Romane, wie Somerset Maugham, Max Frisch und Paul Theroux. Oft war ihnen das Geschriebene noch zu wenig. So wurden sie auch zu achtbaren Aquarellisten wie Hermann Hesse, lichtvollen Fotografen wie Bruce Chatwin und erstklassigen Zeichnern wie Günter Grass.

Mir gefällt die Vorstellung, manch heutiger MVW, der ein großer Reisender ist, entdecke nun den Künstler in sich.

Stillhalten. Keiner der Reisekünstler verriet je den Haupttrick. Wir holen ihn hier nach. Er liegt darin, stillzuhalten. Touristenvieh folgt dem heimischen Vieh. Man läuft jenen nach, die laufen. So wird die Relativitätsgeschwindigkeit Null. Man sieht immer das Gleiche, fast nichts. Der Profi setzt sich ins feinste Cafe auf dem Hauptplatz und lässt das fremde Volk wie auf einer Bühne an sich vorüberlaufen. Er trinkt das volkstümlich Beste des Cafés, studiert und fotografiert.

Elitäres. Politische Romantiker und Alt-Linke verweigern alles Hohe der Fremde, weil es meist imperial oder bürgerlich-politisch entstand. Sie suchen lieber Plattenbauten und Müllgletscher an den Stadträndern. Sie suchen Mailand ohne den Dom, Rom ohne Petersplatz, Paris ohne Eiffelturm, Zürich ohne Aktienhügel, Wien ohne Stephansdom, Hamburg ohne Alster, Rio ohne den ausgebeuteten Zuckerhut und ohne die ausgebeuteten Strände Ipanema und Copacabana. Mein Tipp: Sie sollten all das *auch* sehen. Man kann besser verachten, was man persönlich kennt.
Die beiden folgenden Kapitel sind Abrisse von Reise-Storys des Buchautors. Sie sind MVW-gerecht. Die eine Story ist Erinnerung an einen indischen MVW mit Stil, die andere ist Erinnerung an eine Niederlage.

INDIEN

Taj Mahal oder eine Lehre, die den Mann von Welt teuer kommt

»Das Reisen führt uns zu uns zurück.«
Albert Camus (1913–1960)

In New Delhi wartete Arbeit. Ich war affenstolz, vor einem Kongress zu sprechen. Selbst Taxifahrern erzählte ich davon, ließ aber die Frage offen, ob ich meinen Vortrag in Hindu oder Englisch halten würde. Tatsächlich sprach ich deutsch. Man muss das aber nicht weitersagen. Ein MVW hält sich ungern mit Kleinigkeiten auf.

Die Verpflichtung war bald erledigt. Zwei Tage versuchte ich dann, mit der Armut der Hauptstadt korrekt umzugehen. Dies misslang. Ich weiß bis heute nicht, wie das geht. Am dritten Tag blieb ich im Hotel. Die Noblesse des Hotels war mir peinlich. Bald passte ich mich dem Stoizismus der anderen Gäste an. Ich trank aber wenigstens *native* Gin im *native* Tonic Water namens „Oscar“, was in der Geschmackserinnerung ein gewisses Solidaritäts-Opfer war. Am vierten Tag ging es mit der Eisenbahn nach Agra. Der indische ICR schafft über 100 km/h. Du erreichst das Ziel frisch, weil die Klimaanlage, wenn du direkt unter den Düsen sitzt, dich auf zirka 28 Grad Celsius Köpertemperatur kühlt.

Agra heißt für Reisende immer nur Taj Mahal, auch wenn die Stadt mit 2 Millionen Einwohnern größer als Wien ist und das privat geführte „Taj Palace“ keinen Vergleich scheuen muss mit modernen, europäischen Grandhotels. Die Bar „On the Rocks“ ist von klarer, weitläufiger Strenge, gebrochen durch einige Curry-Accessoires, eine Art asiatisches Bauhaus. Das Taj Mahal gehört logisch zu den echten *musts* der Weltreisen wie Eiffelturm, Chrysler Building, Angkor Vat und das Willendorf der Venus, Wachau. Den meisten Weltreisenden gilt es als schönster Gebäudekomplex der Welt, geadelt durch romantischen Hintergrund.

Seine Witwe verbrennen zu lassen, damit die Arme nicht ohne ihn weiterleben muss, kann ja bald ein Inder. Aber Shah Jahan gab den Maßstab vor, was sich im umgekehrten Fall gehört. Vor 360 Jahren schuf er die teuerste Träne, mit der je ein Mann seine Frau beweinte.

Das Taj Mahal (darf auch „Tadsch Mahal“ geschrieben werden) ist eine monumentale Grabanlage, das bedeutendste Architekturdenkmal des späten Mogul-Stils in Indien, errichtet als Mausoleum für Arjumand Banu Bagam, die als *Mumtaz Mahal* (Auserwählte des Palastes) ausgezeichnete Lieblingsfrau des Mogulkaisers Jahan. Sie starb 1631. Siebzehn Jahre später war das Grabmal fertiggestellt, weitere siebzehn Jahre wandelte der Shah dort in Trauer.

Großzügige MVW, die über eine ähnliche Tat nachdenken wollen, sollten zum Studium der Anlage die Zentralachse verlassen und im schattigen Hain, der nach der Eingangspforte zur Linken liegt, ihr besinnliches Lager aufschlagen.

Man liest, fürs Grobe und für die handwerkliche Exzellenz aller Details seien damals 20 Jahre lang 20.000 Mitarbeiter gefragt gewesen, was den Schluss nahelegt, die Mumtaz Mahal habe schon drei Jahre vor ihrem Tod von ihrer künftigen Unsterblichkeit gewusst.

Unsere weltweit erfolgreichen Architekten, ausnahmslos

MVW, sollten ihre Kollegen von damals nicht leichtfertig beneiden. Erstens waren sie sicher Gast-Architekten, man tippt auf Türken und/oder Perser. Zweitens dürften sie zeitgleich mit Arjumand Banu Bagam zugrunde gegangen sein. Bis ins 18. Jahrhundert galten der weiße Marmorbau, die umliegenden Minarette, das imposante Portal aus rotem Sandstein, die dreihundert Meter breite Gartenanlage und das zentrale, spiegelnde Wasserbecken als Entwurf des untröstlichen Witwers.

R e i s e b e r i c h t

ITALIEN

Ein Land, das auf perverse Art deine Entwicklung zum MVW fördert.

»Früh um fünf stahl ich mich aus Karlsbad, man hätte mich sonst nicht fortgelassen.«
J. W. von Goethe (1749–1832)

I. So ungefähr eröffnet Geheimrat Goethe seine *Italienische Reise*. Ich nahm das als Vorbild. Seit ich das Buch gelesen habe, breche ich immer um fünf Uhr morgens nach Italien auf. Irgendetwas färbt günstig ab, wenn du die Großen nachäffst.

Ich habe mir noch einen Satz der *Italienischen Reise* zu Herzen genommen, jenen, in dem sich der Weimarer Dichter beklagt, wie schnell er mit seinem Pferdegespann unterwegs gewesen sei, an abschüssigen Stellen bis zu 30 Stundenkilometer. Für eine der merkwürdigsten Fahrten ins Nachbarland wählte ich daher ein Fahrzeug, das sich bei niedrigen Geschwindigkeiten wohlfühlt: meine greise *Harley Davidson Electra Sport Glide*, die nicht gut geht, nicht gut bremst und nicht gut liegt, also zu philosophischer Fahrweise zwingt.

Mit ihr hatte ich mich von einer öden Party fortgestohlen, die in meiner Wohnung noch um fünf Uhr morgens im Gange war. Ich fuhr von Wien über die Siebzehner, die sogenannte Triester Bundesstraße, via Neumarkter Sattel über die Grenze bei Arnoldstein, nahm bei der ersten italienischen Raststätte einen köstlichen Capuccino und ein wenig Pro-

sciutto, hörte den lieben lateinischen Menschen zu, entzückte mich zum tausendsten Mal an ihrer Körpersprache und kehrte gestärkt um, fuhr zurück zur Party in meiner Wohnung, die am Nachmittag immer noch in Schwung war. Einer der Gäste begrüßte mich: „Die Servietten sind ausgegangen. Ich suche dich seit einer Viertelstunde. Wo warst du?"
Das ursprüngliche Ziel meiner Reise – die demonstrative Missachtung unliebsamer Gäste – hatte ich verfehlt. Niemandem war ich abgegangen. Nun war ich als Einziger müde.

II. Auch die zweite Erinnerung gehört zum Themendreieck Italien-Motorrad-Melancholie. Diesmal nahm ich ein ebenfalls mächtiges, doch flinkes Bike, die BMW-GS-„Paris-Dakar" mit einem monumentalen 35-Liter-Tank. Damit fuhr ich nonstop von Wien nach Grado, wenn man von einem Boxenstopp bei Sissy Sonnleitner absieht, einer der großen Köchinnen Europas.
In Grado sah alles zunächst nach Sieg aus. Ich wurde als Held der Straße gefeiert, weil die Strecke lang gewesen und ich bei strömendem Regen gelandet war. Die wartenden Freunde rieben mich trocken, die Signorinas sahen freundlich drein. Auch der kommende Tag war fein. Im goldenen Handwerks-Triangel des Friaul saß ich mit Marco Felluga zu Tisch. Er ist neben Schiapetto der maßgebliche Winzer der Region, keltert den *Rusiz Superiore*. Später zeigte er mir das Lokal *Aquila d'Oro*, was italienische Gastfreundschaft heißt. Zwei Tage Italien geben Kraft für ein halbes Jahr in Wien.
Wahrscheinlich war alles zu schön gewesen. Es weckte den Neid der Götter. Mein Waterloo kam tags darauf. Ich hatte die Heimreise angetreten, wieder in Wolkenbrüchen. Am italienischen Fuß des Plöckenpasses, unweit von Tolmezzo, brannte plötzlich die Sonne. Also raus aus dem engen Regen-

Overall. Das ist nicht so leicht, wie es klingt. Und ist umso schwieriger, wenn du auf dem Platz stehst, wo alle heimkehrenden Österreicher ihre italienischen T-Shirts kaufen und hundert Neugierige die affengeile Wüsten-BMW umringen.

Viele Zuschauer also. Ich wollte daher bewusst lässig aus dem gummierten Überkleid steigen. Es misslang. Ich verhedderte mich. Ich fiel. Ich rollte in heißem, öligem Staub und Kiesel. Man darf sagen: Ich panierte mich. Die Zuschauer schrien vor Glück, lauter Tiere. Endlich hatte ich mich freigestrampelt, humpelte halbnackt zur Maschine und gähnte. Das Gähnen sollte zeigen: „So steige ich immer aus der Regenhaut, reine Routine." Die Leichtigkeit des Seins nahm mir jedoch keiner ab. Jeder sah in mir den Trottel der Nation. Die Serpentinen des Berges, der in die Heimat führte, hatten an diesem Tag jeden Schwung verloren.

Bei Sissy suchte ich Trost und Stärkung, wie schon bei der Hinfahrt. Erstmals misslang auch dies. Es war Muttertag, was ich übersehen hatte. Bin ja nie eine Mutter gewesen. Alle Plätze waren besetzt. Sissy freilich mag mich und das Geld. Daher fand sie noch einen Platz, den letzten, direkt unter einer flachen Stiege. Dort saß ich eingeknickt, die Nase zehn Zentimeter über der Schüssel, aus der ich wie ein Hund fraß, direkt mit der Schnauze, ohne Besteck. Von Zeit zu Zeit winselte ich.

III. Nicht immer fahre ich. Manchmal gehe ich auch. Da gab es beispielsweise diesen apulischen Spaziergang durch die Hitze des Trulli-Landes, auf der geografischen Höhe von Alberobello. Ich war vom Meer her aufgebrochen, bald eine staubige Gestalt wie in Eichendorffs Erzählung *Aus dem Leben eines Taugenichts*. So ging ich hin und

die Zeit verrann. Bald schien ein Kirchturm am Horizont näher zu sein als das Meer, das hinter mir lag. Ich würde also das Kirchdorf anlaufen und mit dem Taxi zurück an den Strand fahren. Mittlerweile stand die Sonne hoch im Zenit. Horizont und Kirchturm waren weiter weg, als ich gedacht hatte. Zuweilen schienen sie zurückzuweichen, als schöbe ich sie vor mir her.
Schließlich landete ich entwässert in einem tief verschlafenen Ort. Dort gab es nur ein waches Lebewesen zur Siesta-Zeit, eine vornehme Dame in Schwarz. Sie saß im Schatten vor ihrem Haus auf einem strengen Sessel. Sie schien glücklich, endlich wieder einen müden Mann betreuen zu dürfen. Sie eilte ins Haus und kam mit einem Glas Wasser zurück, das untrinkbar war. So wüstentot kann keiner sein, dass er dieses Wasser tränke. Es hatte Nitratwerte jenseits aller Skalen und stank. Spontanes Heimweh nach Wiener Hochquelle.
„Vino!“, krächzte ich, nahe daran, niederzuknien. Vino habe sie nicht, sagte sie. Vino hasse sie, sagte sie. Vino habe ihr, sagte sie, ihren Guido genommen. Die Erinnerung übermannte sie. Die Gnädigste weinte. Ich starb im Stehen. Dann ein Leuchten in ihrem Gesicht. Ein flinkes Ins-Haus-Huschen und ebenso schnell zurück, in der Hand eine Flasche, auf der in gelben Lettern OVO stand. So trank ich in großen gierigen Schlucken Eierlikör gegen den Verdurstungstod, Rettung in letzter Minute. Ich soll, so sagten die nach der Siesta erwachten Dorfbewohner später, wie ein hölzerner Christus von Männern ins Wirtshaus getragen worden sein. Dort sei ich gestanden wie eine Statue, die Augen offen, jedoch unveränderlich auf unendlich fokussiert, wie der ausgestopfte Neger-Domestik der Maria Theresia. Erst nach vielen Moccas Apollinaris und Grappe, die den Kampf gegen den Eierlikör-Zucker in den dehydrierten Adern aufgenom-

men hatten, sei ich so weit zu biegen gewesen, dass man mich in einen Fiat Mirafiori Diesel verfrachten und ins Hotel heimbringen konnte.

IV. Das Privileg, Nachbar von Dante, Petrarca, Leonardo, Michelangelo, Verdi und Ferrari zu sein, wird durch die Niederlagen nicht gedämpft. Niederlagen sind für meinen Beruf ohnehin besser, erst recht für jeden, der MVW werden will. Anders als Siege bewahren sie vor Hochmut, und „ein Gentleman darf sowieso nur vom Scheitern berichten, niemals von Triumphen". Diesen Satz schenkte mir Gregor von Rezzori. Er war für viele, auch für mich, der Mann von Welt schlechthin, nach allen alten und neuen Kriterien. Als die Scheidungsanwälte seiner Ex-Frau-in-spe den halben Jaguar zusprachen, feilschte er keine Sekunde lang. Er ließ die Limousine per Schweißbrenner der Länge nach zerteilen. Die Hälfte ohne Lenkrad ließ er wie eine Schweinehälfte an die Tür seiner einst herzlich Geliebten lehnen.
Ich kann Italien nicht böse sein. Das „Arkadien" Goethes erfrischt auf eine Weise, die in germanischen Ländern nicht zu kriegen ist. Außerdem verlieren ja auch die Italiener bzw. Italienerinnen selbst, wie in der folgenden, letzten Episode. Ich war in Positano abgestiegen, im Nobelhotel „Sirenuse". Wie alle Häuser der amalfitanischen Steilküste klebte es als Schwalbennest am Hang. Als Einziges hatte es einen Swimmingpool und einen Aufzug zum Strand. Die Chefin, eine unendlich witzige italienische Gräfin, schloss mich unverzüglich ins Herz. Am vierten Tag erzählte sie eine Geschichte über Peter O'Toole.
Freund Peter sei ihr drei Wochen lang nicht von der Kittelfalte gewichen. Man habe zwanzig Tage und Nächte an der Bar zugebracht, begleitet von *Chivas Regal Royal Salute*. Man habe

gelebt wie unzertrennliche Geschwister, in einem feinen Dunst ätherischer Moleküle. Bei der Abreise habe er geweint wie *Lawrence of Arabia* beim Verlassen der Wüste. Doch siehe, schon 24 Stunden später sah man sich wieder. Die Royals schmissen eine Party in London. Die Gräfin war als Hocharistrokratin geladen, Sir Peter O'Toole als Ritter des Empires. Er sah seine Wahlschwester, raste auf sie zu, umarmte sie und schrie: „Helfen Sie mir! Ich kenne Sie, aber ich weiß nicht, woher!"

Niemand wird Mister O'Toole absprechen, ein MVW zu sein. Kurze Gedächtnislücken sind kompatibel.

4.

WELTMANN und LUXUS

»Ein Mann muss nur so schön sein,
dass sein Pferd nicht scheut.«

Weisheit der k. & k. Monarchie

DER KÖRPERNAHE LUXUS

Eine Spielwiese

»Haptik, das Griffgefühl, wird bis heute unterschätzt.«
Design-Guru Dieter Rams
im *trend*-Gespräch

Dieses Buch wurde nicht geschrieben, um Erziehungsmängel auszugleichen. Es gibt keine Geschichten über Zahnarztbesuche, Friseurbesuche, Maniküre, Pediküre, Parfum, Massage und entfettete, saubere Haut.
Der „körpernahe Luxus" dieses Kapitels hat vor allem mit Kleidung zu tun, am Rande auch mit Männerschmuck und Werkzeugen und Spielzeugen.
Aus der Vogelschau zeigt sich der größte Wandel in der Bekleidung. Der alte, immer hochrangige MVW kannte beispielsweise den Begriff *Kleiderschrank* nicht. Er hatte Ankleide-*Räume* und brauchte sie auch. Es gab sogar wohlhabende, sexuell indifferente Gentlemen, die ihren Vorbildern Lord Byron und Oscar Wilde, vor allem aber George Bryan Brummell nacheiferten. Sie reservierten Flügel ihrer Schlösser für Textilien. So wie „Beau Brummell", der als Erfinder der kunstvoll gebundenen Krawatte gilt und seine Stiefel mit Champagner polierte, brauchten sie „niemals weniger als fünf Stunden" (Brummell) für den täglichen Kleiderwechsel. Selbst Blondinen mit hohem, arbeitslosem Einkommen gönnen sich heute diese Zeit nicht mehr.

Selbst Modezaren zeigen zuweilen eine verblüffende Lässigkeit. Nur die Älteren unter ihnen opfern ihrem Auftritt noch sehr viel Zeit, wie etwa Prof. Karl Lagerfeld. Jüngere Designer wie Helmut Lang sind da irgendwie anders: „Ich bin eigentlich immer gleich schlecht angezogen."
Heute gibt es in Kleidungsfragen neue Ideale, die besser in die Zeit passen. Und eine neue Gelassenheit bezüglich Accessoires und *tools & toys* – siehe die folgenden Kapitel.

DER MANN UND SEIN KLEID

Das witzigste unter den ernsten Kapiteln des Männerlebens

»Kleider machen Könige.«
Karl Lagerfeld

Man sagt, viele Männer seien Berufssoldaten geworden, um sich nie wieder um ihr Gewand kümmern zu müssen. Die Uniform werde beigestellt und passe immer perfekt, vom Wirtshaus über das Schlachtfeld bis zum Opernball. Das Heer sei die Fortsetzung der Mutter, die einst für die Kleidung des Kindes gesorgt hatte. Ganz falsch kann dieser Scherz nicht sein. Eine kleine persönliche Umfrage unter den Frauen meines Bekanntenkreises ergab Ähnliches. Sie sehen ihre Männer wie Soldaten, hätten aber lieber die eleganten Männer des *Fin de Siècle*, der vorletzten Jahrhundertwende um das Jahr 1900. Gegen diese Vorfahren stinken wir heutigen Männer tatsächlich ab. Österreich galt als Land der Tänzer und Geiger und Elegants. Was aber haben wir jetzt? Unsere Frauen kriegen uns nur unter Androhung sexuellen Entzuges auf die Tanzfläche. Die besten Geiger sind längst Geigerinnen, von der Schweizerin Ann-Sophie Mutter abwärts. Und während im *Fin de Siècle* jeder Gentleman so regelmäßig zu seinem Schneider ging wie zum Friseur, ist der heutige Mann dramatisch anders. Wenn es nach ihm ginge, würde er am liebsten seine gut eingetragenen, schlappen Textilien bis ans Ende der Tage tragen.

Eine der Befragten sagte: „Ich bin schon froh, wenn ich meinen Alten für eine halbe Stunde in eine gute Boutique schleppen kann, wo er widerwillig die Stücke probiert, die ich aussuche. Er hat nur einen Wunsch: so schnell wie möglich aus dem Tempel zu kommen. Auf der Straße macht er mir Vorwürfe, wie teuer die Fetzen gewesen seien. Zwei Tage später freilich ist er glücklich, wieder fesch unterwegs zu sein. Dann beginnt aber der nächste Jammer. Am liebsten trüge er das beste neue Stück jeden Tag, ohne Ruhepause fürs Auslüften und Aushängen, die armen Textilien werden zu Tode geritten. Und nach einem halben Jahr beginnt das ganze Theater von vorne."
Der Herrenmode-Handel könnte einem leidtun. Tatsächlich sind Männer im Durchschnitt ein komplexerer Fall als Frauen. Niemand weiß, wie hoch die Dunkelziffer jener Männer ist, für die sowohl der Friseur als auch der Einkauf von Hose, Sakko, Schuh und Mantel den schmerzlichen Stellenwert eines Zahnarztbesuches haben. Dies zum ungläubigen Entsetzen der Frauen, die Friseur und Modekauf als wunderbare, wärmende Urlaubsinseln im Alltag sehen. Verhaltensforscher haben dafür Gründe angeführt. Ob diese gescheit oder töricht sind, kann ich nicht beurteilen. Aber es war immerhin Nobelpreisträger Konrad Lorenz, der sinngemäß folgendes sagte: „Die Damen putzen sich instinktiv lustvoll auf, um für das beste Reproduktions-Material unter den Männern interessant zu sein. Die Männer hingegen üben das Imponiergehabe der Macht und Stärke, um sich als jenes gute Reproduktions-Material zu empfehlen."
Gerade darin aber sehe ich die größte künftige Chance der Herrenmode. Die Zeit der brüllenden Muskelprotze ist vorbei. Das Auf-die-Brust-Trommeln ist lächerlich geworden. Es geht ja nicht mehr darum, Frau und Brut vor dem

Säbelzahntiger zu schützen. Heute faszinieren Geist und Geschmack. Das wesentliche, weil auf den ersten Blick fassbare Erkennungsmerkmal ist die Kleidung. Für Geschmack & Qualitätssinn sowieso, ein wenig aber auch für Geist. Zwar wird es immer wieder Geistesriesen geben, die wie Diogenes nackt in einem Fass wohnen oder wie Oxford-Professoren lebenslänglich in der gleichen Schnürlsamt-Hose gesehen werden, doch wird es zu einem Umdenken kommen: Die Klügsten begreifen schon heute, dass auch die Qualität der Kleidung im Wege der Osmose durch die Haut ins Herz fährt – und ins Hirn. Die Hülle verbessert den Kern.
Ich glaube ohnehin, dass man nicht zu schwarz sehen muss, wenn es um Männer und Kleidung geht. Ich führe dazu das einzige Beispiel an, von dem ich etwas verstehe. Einst war ich ein besonders schwerer Fall von Feinkleid-Konsumverweigerer. Mein uraltes Macho-Argument entnahm ich der *Tante Jolesch:* „Alles, was ein Mann schöner ist als ein Aff', ist Luxus." Beziehungsweise: „Ein Mann muss nur so schön sein, dass sein Pferd nicht scheut." Das ist aber lange her. Da begriff ich noch nicht die folgenden Weisheiten.

✖ Man zieht sich nicht für die Frauen, sondern für sich selbst gut an. Frauen, soferne verliebt, verzeihen eh alles. Aber du selbst stehst als Mann fröhlicher und selbstbewusster im Huf, wenn du gute Baumwolle und Seide spürst, logischerweise inklusive Unterwäsche. Diese wird angeblich weniger beachtet als die äußere Hülle. Wer aber einen teuren Brioni- oder Zegna-Anzug trägt, oder einen preiswerteren, weil halbfertig-handveredelten Anzug von Peppino & Michael Teuschler oder einen maßgeschneiderten Dreiteiler von Niedersüß (Knize), darunter aber das Lieblingsobjekt unserer Star-Karikaturisten Haderer und Deix, den weißen Polyester-Feinripp der Vorväter, gleicht den frisch lackierten Rostschüsseln unter den Autos. Außen hui, innen pfui.

✖ Am billigsten kauft, wer hochwertig kauft. Wer aus Geiz etwas Drittklassiges, ja selbst Zweitklassiges wählt, wird niemals die Unruhe los und landet schließlich doch bei 1-A-Qualität, auf teuren Umwegen. Das gilt allerdings nicht nur für Kleidung. Es gilt auch für Autos, Motorräder, Computer, Handys, Kameras, Essen und Trinken.

✖ Neben dem gesteigerten Selbstwertgefühl führt die Spitzenqualität zu einem weiteren Vorteil: Das Gute und Beste pflegt man auch, das Zweitklassige nicht. Kein Gentleman putzt schlechte Schuhe gern, die guten aber schon. Den Kaschmirmantel hängt man luftig mit Sorgfalt auf, man greift ihn ja auch gerne an. Qualitätssinn ist der erste Schritt in eine verfeinerte Männerwelt. Der zweite wäre, eine Philosophie der eigenen Bekleidungs-Linie zu entwickeln. Und jene Geschäfte zu finden, die dieser ideal entsprechen – siehe das nächste Kapitel.

DER MANN UND DIE MODE

Feinstoffliche Anmerkungen

*»Man kann mit der Mode gehen oder mit der Mode laufen.
Letzteres sollte man nur dann, wenn man
noch jung genug dafür ist.«*
Jeanne Moreau

Der deutsche Designer Wolfgang Joop, der lange Zeit äußerst modebewusst war, nennt Mode heute eine „sinnentleerte Sportveranstaltung für Mitläufer".
Man erkennt daran, dass er älter wurde. Wäre ja irgendwie traurig, wenn junge Herren – darunter viele frühvollendete Weltmänner – in Kleidungsfragen plötzlich langweilig werden müssten. Sie haben das Recht, den Trends des Luxus und der Moden nachzulaufen. Einem federnden Jungspund steht ohnehin alles gut, auch das Verblüffende, Schockierende und Törichte. Außerdem sind Form und Farbe der Kleidung das deutlichste Signal, um sich von den Altlöwen abzusetzen, denen man als Junglöwe die Reviere streitig macht.
Umgekehrt ist es mega-peinlich, wenn ein Silberpanther jeder Mode nachläuft, was nichts anderes heißt, als sich jünger anzuziehen, als man ist. Er gliche jenen armen betagten Damen, die sich greller kleiden als ihre Töchter und von der Umwelt belächelt werden.
Für den reifen MVW, der auf der sicheren Seite sein will, gilt ungefähr, was Daimler-Benz in seiner besten Zeit als Design-Philosophie für Mercedes formulierte: „Um Rufweite hinter

der neuesten Mode sein." Das war klug und schenkte uns Fahrzeuge von bleibender Eleganz, die noch heute gefallen. Auch das erfolgreiche Mode-Label Boss tat gut daran, neben seiner preiswerten Hauptlinie „Boss" eine qualitativ überragende, klassisch gestaltete Nebenlinie namens „Baldessarini" einzurichten, mit dem Werbespruch: *It separates the men from the boys.*

Ein wunderbarer Slogan, da er verunsicherten Männern hilft, die richtige Wahl zu treffen. Sie müssen nur nachspüren, ob sie sich im Kleidungsstück, das sie gerade in der schlimmsten Folterkammer, der Probierkabine, überstreifen, wie ein Mann oder wie ein Bub fühlen.

Das scheint nicht ganz leicht zu sein. Mit Entsetzen denken wir an einen reifen Chefredakteur, der zur heimlichen Gaudi der Redakteure und Sekretärinnen plötzlich in hautengen langen Lederhosen auftrat, um Jugendlichkeit, wenn nicht gar sexuelle Waghalsigkeit anzudeuten.

Da auch Trainingsanzüge Anzüge sind, sollte man sicherheitshalber hinzufügen: Diese müffelnden Schlabbersäcke mit dem Nike-Hakerl und den Adidas-Streifen sind vom MVW ausschließlich in geschlossenen Anstalten zu tragen, den Fitness-Centers. Im Freien sind sie nur in der Stunde zwischen Wolf und Hund gestattet, in der Morgendämmerung, wenn der vernünftige Rest der Welt schläft.

K l e i d u n g (I I I)

MARKEN-MANIE

Ein MVW ist kein Label-Model

»Ich bin wie Du, duwiduwidu.«
Jingle der Fremdbestimmten

Heutige Eltern verarmen an ihren Kindern aus drei Kostengründen. Erstens Handy, zweitens Konsolenspiele, drittens der mörderische Markenwettbewerb mit den Mitschülern, vor allem in Kleidungsfragen. Es ist nicht egal, ob der Anorak von Wolfskin oder ein *no-name* ist. Das haben die Kinder von ihren Müttern, deretwegen Gucci das große G als Stil-Element erfand, Chopard die kollernden Diamanten auf dem Ziffernblatt und Vuitton die Gepäckstücke, die man aus drei Kilometern Entfernung erkennt.

Auch viele Männer des 21. Jahrhunderts zeigen eine Affinität zur Marken-Manie. Lieber ein geborgtes Image als gar keines. Für den MVW ist dies logischerweise ein vergiftetes Terrain. Er darf nur Werbung seiner selbst sein, kraft seiner Persönlichkeit, Ausstrahlung, Klugheit und Mitmenschlichkeit.

Ein reifer Mann, der keine fremde Status-Hilfe braucht, wird auch kühl genug sein, die folgenden Fragen zu stellen: Warum soll ich für die Hersteller meiner Anzüge, Schuhe und Uhren, die mir ohnehin das Weiße aus den Augen nehmen, auch noch Gratis-Werbung machen? Bin ich ein Trottel, den jeder honorarfrei ausbeuten kann? Bin ich eine Litfaßsäule? Bin ich ein Model, ein Nummern-Girl, das nur zweite Worte kennt, *Super* und *Spitze?*

In manchen Produkt-Kategorien entkommt man der Schlauheit der Produzenten ohnehin nicht. Die Klasse-Autos sind unverkennbar; der Porsche durch seine Form, der Ferrari durchs Pferd, der Maserati durch den Dreispieß, der BMW durch die Niere, der Audi durch die Ringe, der Mercedes durch den Stern, der Jaguar durch den Jaguar. Und Tod's-Schuhe sind gekennzeichnet durch die schwarzen Gummipunkte, begründet mit leisem, federndem Gang trotz beiger Ledersohle. All dies ist unter „Marketing-Genie" abzuhaken. Was zivile Kleider betrifft, ist die Möglichkeit des Image-Kaufs kleiner. Da wurde schon früh mit einer gewissen Noblesse das Etikett ins Innere des Kragens und des Rock-Futters verlegt. Doch auch hier lauern neue Gefahren. Ich sage nur: Flavio Briatore. Das ist ein Mann, der als Renault-Formel-1-Chef weltbekannt und reich ist. Er fühlt sich spürbar als MVW Nr. 1. Das wäre kein Beinbruch. Diese Überschätzung teilt er mit vielen anderen, beispielsweise russischen Oligarchen. Unglücklicherweise kam Herr Briatore auf die Idee, eine Design-Linie mit dem geschmackvollen Namen *Millionaire* aufzulegen. Eine seiner Ideen: die luftig durchbrochene Manchette, um die Luxusuhr darunter freizulegen. Alle Zuhälter in Wien, Frankfurt und Zürich fragen sich entzückt, warum sie diese glänzende Idee nicht schon selber hatten.

Man ist dann dankbar, wenn die erfolgreichste Uhrenfirma, Rolex, Modelle auflegt, die nicht den berühmten Riffel-Ring tragen, sondern glatte Umfassungen, oder die arteigene Linie „Cellini", die nur Wissende als Rolex erkennen. Wir wollen gern auch loben, dass Rolls Royce seit einiger Zeit die stolze Kühlerfigur *The flying Spirit* (nur in Österreich „Emily" genannt) auf Knopfdruck versenkbar macht. So wird der RR anonym und keiner erkennt ihn mehr.

K l e i d u n g (I V)

DER NEUE KLEIDERSCHRANK

Wie Giorgio Armani die Männer rettete

»Ich beklage, dass Kleidung auch eine Zeitfrage wurde.«
Yves Henri Donat Mathieu-Saint-Laurent (1936–2008)

Ein französischer Jungadeliger namens d'Albertin erschoss sich aus gutem Grund: „Alle Tage so viele Knöpfe", schrieb er im Abschiedsbrief über die Qual seiner Rokoko-Kleidung.

Der heutige MVW möge wissen, dass es ihm gut geht. Anders als seine Ahnen muss er nicht fünfmal pro Tag den Anzug wechseln. Er ist in Kleiderfragen wesentlich frei. Das schenkt ihm viel Zeit und Freiraum zur Entwicklung eines persönlichen Stils.

Er wird diese Freiheit nicht kindisch missbrauchen. Wenn der Wiener Opernball Frack verlangt, wird er sich einen leihen – oder dem Ball fernbleiben. Der Leih-Frack ist übrigens akzeptabel. Der eigene Frack ist im dritten Jahrtausend so selten geworden wie der eigene Butler, der auf Millimeter und Gramm die gleiche Figur wie sein Herr haben musste, um die neuen Anzüge (die peinlich frisch aussehen) und die Maßschuhe (die anfangs oft wehtun) einzutragen. Der junge MVW wird sich allerdings weigern, für den Opernball Orden auf der steifen Hemdbrust zu tragen, weil er eh keine hat.

Für ländliche Feste der Aristo-Freunde wird man einen sorgsam zerknitterten Leinenanzug (so wie die Frau ein Dirndl) parat halten. Man ist aber keineswegs gehalten, alberne Aus-

seer Lederhosen zu tragen, die umso mehr gelten, je speckiger sie glänzen. So viel zu zwei (von insgesamt wenigen) Ausnahmen, die man auch heutzutage akzeptieren sollte.
Die Liberalisierung des Kleidungs-Alltags kam relativ spät. Im globalen Business griff sie erst Mitte der 1980er-Jahre. Als *trend*-Reporter und *profil*-Kolumnist habe ich die textile Befreiung der Manager und Politiker verfolgt. Der weltweit erste IBM-Manager, der sich dem Firmen-Diktat eines blauen Standard-Anzugs verweigerte, war Dr. Bernhard Görg, Personal-Manager von IBM-Österreich, später Politiker. Der Erste, der gern die Krawatten wegließ, war Peter Marboe, der als Kulturpolitiker von den Künstlern auch deshalb geschätzt wurde.
Diese tapferen Vorreiter gingen unter, weil bald danach das italienische Genie Giorgio Armani wirksam wurde. Armani ersetzte steife Schnitte durch weich fallendes Bequemes und anfangs alle Farben durch Schwarz. Er hat die Männer ähnlich erlöst wie einst Coco Chanel die Damen mit dem universellen „kleinen Schwarzen". Der urbane MVW darf seit Armani in qualitativ hochwertigen, locker geschnittenen schwarzen Anzügen auftreten. Er darf sogar auf Hemden verzichten, sofern die gleichfalls schwarzen T-shirts so wertvoll sind wie diese. Einzig auf dem flachen, dünn besiedelten Land ist der „Armani-Look" bis heute nicht angekommen. Dort werden seine Träger als „Dornenvögel" und „Dompfaffen" verspottet.
In Deutschland und der Schweiz waren Rockstars und Literaten die Armani-Trendsetter. Österreichs Pionier war mein Hochschulfreund und Werbe-Guru Dr. Gerhard Puttner. Anfangs verblüffte er seine Klienten mit dem schwarz-schwarzen Auftritt. Bald sahen sie so aus wie er. Sie hatten den wesentlichen Vorteil der neuen Kleider-Ordnung erkannt:

Du kannst blind in den Schrank greifen und alles passt, bis hin zu den schwarzen Stutzen und Schuhen.
Es dauerte kein halbes Jahr und alle Kreativ-Freunde, die so stolz auf ihre individuelle Note sind (Künstler, Werber, Journalisten), trugen das gleiche Outfit. Ich spottete noch eine Zeit lang über die „Uniform der Individualisten", dann konvertierte ich selbst. Mein Hauptgrund lag darin, dass ich nun um 10 Kilo leichter aussah als im taubengrauen Flanell. Ich werde wohl dabei bleiben. Allgemein aber ebbt die Armani-Welle, obwohl sie von fast allen Herstellern kopiert wurde, wieder ab. Die Welt wird wieder farbiger.

DER SÜDEN DES KÖRPERS

Über die Imagekomponenten Schuhe und Stutzen

»Die Basis ist wichtiger als die Spitze.«
Papyrus-Übersetzung eines Pyramidenbaumeisters

Der Erfolg von Büchern entscheidet sich in Nord und Süd, in den obersten und untersten Seiten. Anfang und Schluss müssen brillant sein.

So ist es auch beim MVW. Zunächst ist das Nördlichste, der Kopf, wichtig, dann das Südlichste, die Schuhe und Stutzen. Erst dann wird die Mitte wahrgenommen.

Der Norden braucht im Sinne von Kleidung & Ästhetik kein eigenes Kapitel. Beim Kopf geht es im Wesentlichen darum, nicht zahnlos zu sein. Günstig ist auch die Entfernung der bei Luchsen so reizvollen Ohrenhaare und der bei Ameisenbären so sinnvollen Nasenhaare. Und wenn es irgendwie geht, sollte man die letzten drei Kopfhaare nicht vom linken Ohr bis zum rechten Ohr frisieren, um Kahlköpfigkeit zu kaschieren – zumal diese auf ein Übermaß an Testosteron und Potenz weist.

Wirklich spannend ist der Süden. Damit meinen wir nicht den Süden, der in der Literatur die Lendengegend bezeichnet, sondern wirklich Sizilien, also die Socken, Stutzen und Schuhe. Sie sind das Unterste, aber nicht das Tiefste. Sie würden sogar ein eigenes Buch verdienen. Hier nur das Wichtigste in kurzen Fragen und Antworten.

Socken. Darf man so was tragen? Antwort: Selbstverständlich, zu den berühmten Schuhen von Puma, Asics, Reebok, Adidas und Nike. Sonst aber nie. Unsere Augen sind für immer verletzt durch den schrecklichen Anblick von TV-Interviewten, die ihre Beine übereinanderschlugen. Man sah ein Grenzland von verschrumpeltem Sockenrand und haarigem Männerbein. Solchen Männern glaubt man kein Wort. Es wird gesagt, dass Liebhaber, die Socken tragen, ansonst aber nackt sind, noch schlimmer seien. Das kann ich als Mann und staatlich geprüfter Heterosexueller weder bestätigen noch widerlegen.

Stutzen. Gegen meine Gewohnheit nenne ich eine Marke als beste: Falke. Dahinter stecken vollendet Besessene. Sie bauen ihre Stutzen wie Kathedralen mit Mittelschiff, Nebenflügel und Apsis. Die teuren Modelle kennen dicke und dünne Wandstärken, und „R" heißt rechts und „L" heißt links. In diesen Stutzen stehst du wie ein König, hoch aufgerichtet und unverwundbar. Oder todgeweiht, falls Du „R" und „L" verwechselst.

Schuhe. Alles, was je bewundernd über Maßschuhe geschrieben wurde, ist richtig. Den eigenen Holz-Leisten beim Meister Scheer in Wien liegen zu haben, ist das Höchste. Es braucht freilich mehr Kapital und mehr Geduld, als viele MVW investieren möchten. Auch fehlt oft der eigene Butler (der logisch die Größe seines Dienstherren hat), um die ersten Tage des knarrenden Versöhnens abzufedern. Die Erfahrung geht dahin, dass auch handgemachte fertige Schuhe eine Freude sein können, sofern du dich eines sogenannten Normalfußes erfreust. Diese tragen Markennamen wie Ludwig Reiter, Arthur Livshits, Church's, Barker und Crockett &

Jones. Darunter sollte man es nicht machen. Der gute Schuh erweist sich im Alltag des MVW als unerschütterlicher Pfeiler, der neben dem Skelett auch die Seele stützt.

Schuhpflege. Hier greifen wir eine Anregung des alten MVW auf: Sie ist eine Sache des Trägers. Sie ist mit größter Inbrunst zu erledigen. Sie darf notfalls auf männliche Butler, Brüder und Freunde übertragen werden. Selbst haltlos ergebene Frauen sind fernzuhalten. Sie sind genetisch auf schnellen Wechsel ihrer Prada-Sandaletten getrimmt. Die Lust auf ewige Schuh-Qualität ist ihnen wesensfremd. Die ideale Schuhpflege ist bis heute ein weites Feld der Forschung geblieben. Das „Draufspucken" von Erzherzog Johann ist nicht mehr der Stand der Dinge.
Was uns zu einer letzten, zeitgemäßen Frage führt: Darf man sich in afrikanischen und asiatischen Ländern, wo es noch öffentliche Schuhputzer gibt, die Schuhe putzen lassen, auf einem Hochsessel, die aufgespannte *Herald Tribune* in der Hand? Antwort: Ich bitte darum. Die Schuhputzer sind glücklich über jeden Auftrag und jedes Trinkgeld. Der neue MVW unterscheidet sich vom hoffärtigen alten MVW nicht dadurch, dass er seine Schuhe nicht putzen lässt. Sondern dadurch, dass er die *Herald Tribune* zur Seite legt, seine Zigaretten mit dem Schuhputzer teilt und sich mit diesem unterhält, so gut er's halt kann.
Drei Freunde, mit denen ich Rotchina, Korea und Indonesien bereiste, würden diese Philosophie teilen: Helmut Voska (1942–2007), Herbert Völker und Fritz Orasch. Obgleich ich immer genau zusah, blieb mir das Geheimnis verborgen, warum die von Schuhputzern geputzten Schuhe schöner waren und länger schön blieben als die selbstgepflegten (Tipps an *helmut.gansterer@aon.at* willkommen).

PS.: Ein Sonderfall, der in unseren Breiten exotisch wirkt. Ich sitze mit Wolf Prix zusammen. Wir feiern die weltweiten Erfolge von Coop-Himmelb(l)au. Wolf erzählt von einem Südamerikaner, der ihn als Architekten erwählt hatte. Der Latino stieg mit schlanken braunen Fesseln in erstklassigen Schlüpfern aus seinem Learjet, ohne Stutzen, ohne Socken. Prix: „Ich begriff ihn sofort als guten Auftraggeber."

PPS: Ich warne vor zweifarbigen Schuhen. Sie werden derzeit außerhalb von Kuba nicht wirklich geschätzt. Fast schrille Warnung vor Schuhen mit Eisen-Kipferln an den Absätzen, die eine Zeit lang als besonders vornehm galten. Ich trug ein Paar davon im Hotel Gritti, Venedig. Die fünfzig scheppernden Meter über Marmor zu meinem Dinner-Tisch wurden zur *via dolorosa*. Eine greise italienische Gräfin rief erschrocken: „Sss!" Ich schenkte ihr meine Schuhe, lud sie auf einen Drink an die Bar und wählte ihr zuliebe ein leichtes Campari-Soda. Sie nahm Stolichnaya pur, *no rocks*.

PPPS.: Wir lernen daraus, dass Schuhe wichtiger sind als alles andere. Man kann über sie mehr Geschichten erzählen als über Anzüge und Mäntel.

MÄNNERSCHMUCK

Freuden und Fallen

»Geschmack ist die Kunst, sich auf Kleinigkeiten zu verstehen.«
Jean-Jaques Rousseau (1712–1778)

Früher gab es das Wort „Männerschmuck" gar nicht. Es war peinlich wie Männerliebe und Männertränen. Dabei hatten die Männer früher mehr Schmuck als die heutigen, aber eher im Sinn primitiver Stämme: den Silberknauf des Gehstocks, den Goldgehalt der Tabatiere, die wuchtige Bruyere-Pfeife, die Höhe des Gamsbarts.

Ein wirklich tolles Thema ist Männerschmuck nicht. Fangen wir mit dem an, was für einen MVW garantiert *out* ist: Halsketterln, Hüftketterln, Fußfesselketterln, Protzringe, Flinserln, alles ohne nähere Begründung. Dazu jede noch so feine Fälschung, die wir jedem boshaft vergönnen, weil man bei den wenigen schönen Stücken, die Männern geboten werden, nicht geizig sein sollte. Man kauft dort ein, wo man sicher nicht betrogen wird und später auch das Service funktioniert. Der kultivierte Zürcher wird die zärtlichen Aufpreise der Bahnhofsstraße akzeptieren, der Mailänder jene der Via Monte Napoleone der Pariser jene der Rue Faubourg St. Honoré. Der Münchner wird sich auf dem Marienplatz umsehen, der Wiener im Dreieck Graben–Kohlmarkt–Kärtner Straße. Man wird dort nicht feilschen und wenn doch, dann leise und lächelnd. Ein bissl was, sagt man, geht immer. Aber was geht denn überhaupt als Männerschmuck durch?

Die reichste Auswahl haben jene Männer, die immer noch Anzüge und Hemden tragen. Sie können bei Krawatten, Stecktüchern und Manschettenknöpfen zuschlagen. Ahnungslose kaufen Ensembles, die für zirka 1000 Jahre out sind, also Krawatte und Stecktuch aus dem gleichen Ballen, oder die wunderschöne schwedische Ellipse der weißgold-blauen Patek-Philippe, wiederholt in den zwillingsverwandten Manschettenknöpfen.

Das wirkt irgendwie arm und robotisch. Damit, so würde meine Freundin Sigrid Löffler (Herausgeberin der *Literaturen*) sagen, entstellt man sich bis zur Kenntlichkeit. Noch schlimmer ist eigentlich nur, auf aktuelle Tipps sogenannter Männermagazine zu hören, oder gar auf jene von Frauenmagazinen („Was Sie Ihrem geschmackfreien Herzallerliebsten schenken sollten"), die sich durch Fügung mit den Inseraten der aktuellen Ausgabe decken. Weiß nicht eh ein jeder, was ihm selbst gefällt? Und sagt man nicht, dass nur einer gefalle, der sich selbst gefiele, falls er den Narzissmus nicht übertreibe?

Den Armani-Jüngern mit T-Shirt bleiben gottlob nur die Uhr und die Füllfeder. Beide verdienen komplexeres Studium, wie wir gerne zugeben. Überall landet man letztlich beim Besten, das man sich leisten kann. Der „dumme Umweg des Geizes", der im Buch öfters anklingt, gilt auch hier. Füllfeder-Fans landen irgendwann bei Montblanc, Pelikan und Waterman, und Armband-Uhren-Fans bei den üblichen Verdächtigen. So wie Peter Handke, der weder Füllfedern noch Uhren schätzt, immer bei seinen geliebten Cumberland-Bleistiften landet. Ein MVW, der für diese schöne Suche nach Hilfe ruft, ist keiner.

TOOLS & TOYS

Der MVW als vernünftig Verspielter

»Wer nicht mehr spielt, hat schon verspielt.«
Heinz „Juxi" Jonak (1942–1998), Maler

Evolutionstheoretiker sagen: „Die alten Rollen der Frühzeit schlagen beim Spielzeug immer noch durch. Die Männer als Jäger spielen mit Dingen, die Mobilität verheißen, also Eisenbahnen, Autos und Space Shuttles. Die Frauen als sesshafte Hüterinnen von Heim und Brut spielen mit Puppen, Häusern und Modellküchen." Damit ist die Kindheit gemeint. Viel ändert sich auch später nicht. Erwachsene Mädchen spielen dann mit echten Puppen, beispielsweise erwachsenen Buben, und diese immer noch mit Autos.

Selbst bei elektronischen *tools & toys* bleibt alles beim Alten. Männer, vom Mobilitätswahn besessen, vergöttern Notebooks, während Frauen eher den schönen Desktop PC schätzen, der zu Hause wie ein treuer Hund wartet. Keine Frau im mannbaren Alter schleppt freiwillig eine unförmige Notebooktasche aus gullyfarbenem Nylon. Den Männern ist das egal. Sie lieben den Gedanken, überall arbeiten und spielen zu können.

Für Männer sind die heutigen *tools* immer auch *toys*. Viele ihrer Notebooks sind langsam, weil schwache Hardware (RAM, Taktfrequenz, Grafikkarte) auf fette Spiele-Software trifft. Auch wenn das Zeug ruckelt und zischt: Die Männer können mit Spielen trainieren, was sie früher als Affen und später als

homo erectus zum Überleben brauchten: Reviere verteidigen, Strategiegeschick, Kriegführen, Killen. Auch moderne Wirtschaftsführung und Soziologie lassen sich toll simulieren, in Aufbauspielen wie *Industriegigant* und *Sims*.
Alte Pädagogen fürchteten durch Computer & Konsolen-Spiele Wirklichkeitsverlust und Aggressions-Aufbau. Junge Pädagogen loben den Wissenszuwachs und die Ableitung latenter Aggressionen. Ich glaube aus Erfahrung ans Bessere. Zwei meiner Kinder spielen parallel alle Test-Games für die *trend*-Hi-Tech-Rubrik „Notebook." Sie sind nicht beschädigt. Das eine Kind brachte im Juni ein glänzendes Zeugnis. Das zweite maturierte. Gegen beider Friedfertigkeit bin ich ein wildes Tier.
Was *tools & toys* betrifft, kann der MVW seine Vitalität darin zeigen, dass er *First Hour User* ist. Er bleibt an der Spitze der Entwicklung. Er ist nicht angewiesen auf Urteile von grantigen Erwachsenen, die so alt sind wie er und alles Neue verdammen. Die „Anwender der ersten Stunde" sind auch nobel. Sie zahlen den Händlern die höchsten Preise und pölzen das Bruttonationalprodukt ihres Landes.

5.

WELTMANN und GESELLSCHAFT

Eine Gräfin zu Kaiser Franz Joseph:
»Majestät geben sich mit so einfachen Menschen ab?«

Des Kaisers Antwort:
»Wenn ich nur unter meinesgleichen sein wollte, müsste ich in die Kapuzinergruft gehen.«

DIE SOGENANNTE SOCIETY

Ein MVW muss der Welt nicht per Bussi-Bussi verbunden sein

»Ich würde niemals fremde Kinder küssen. Die eigenen sind mir zuwider genug.«
W. C. Fields (1880–1946), Hollywood

Man sagt, Politiker küssten sogar rotzige, fremde Kinder, um bei der nächsten Wahl ihren Hintern zu retten. Das ist sicher richtig, aber nicht wichtig. Diese Art von Herzlichkeit ist einem Weltmann verboten, aber es käme ohnehin niemand auf die Idee, über einen Politiker als MVW nachzudenken.

Viele waren vielleicht ein MVW vor ihrem Beruf und können es theoretisch im Ruhestand wieder werden. In ihrer aktiven Zeit aber sind sie den hohen Ansprüchen, die wir stellen, verloren. Zu zahlreich sind die Vulgaritäts-Fallen, in die sie immer wieder tappen, um zugleich beim einfachen Volk wie vor der lächerlicherweise so genannten „High Society" gut anzukommen.

Ein markantes Beispiel war ein im Sommer 2008 verstorbener österreichischer Ex-Bundeskanzler, den ich privat als herzlichen und hoch gebildeten Gesprächspartner kannte, dessen Vorzüge aber in der Zeit seiner Kanzlerschaft ruhten. Von Stund an wirkte er fremdgeleitet. Er sagte Sätze, die er privat als Historiker niemals so formuliert hätte, ein Opfer seiner Einflüsterer, Spin-Doktoren und Ghostwriter. Er ging nicht nur in zahlreiche Vulgaritäts-Fallen, er erfand noch neue dazu. Von der irrigen Auffassung geleitet, das Volk wünsche sich einen roten Kanzler als einfachen, bescheidenen Mann in Sack und Asche, steuerte er anfangs, trotz 14-Stunden-Arbeitstag, seinen privaten VW-Käfer selber zwischen Burgenland und Wien, ehe ihm Parteifreunde diese wahltechnisch sinnlose Bescheidenheitsnummer ausredeten. Das Volk hatte eher mit Witzen als mit Bewunderung reagiert. Es kam auch nicht wirklich gut an, als er, um die Gunst des TV-Publikums zu gewinnen, seine innere Natur als stiller Denker überwand und in einer Show mit einer berüchtigten Hupfdohle des Pariser Etablissements „Lido" – oder war's der „Crazy Horse Saloon"? – tanzte. Wenn er in Salons mit geschmeidigen Reichen zusammenkam, was Kanzlern nicht erspart bleibt, glich er seinen Widerwillen mit extremer Freundlichkeit aus. Da er ein zutiefst anständiger Mann war, sah man ihm die Mühe an.

Politikern darf man derartige Irreleitung nachsehen. Schwieriger wird es mit Bürgern, die zu keinerlei Buhlschaft gezwungen sind, sich aber freiwillig in alle Richtungen gemein machen. Und dabei nie das Gefühl verlieren, nobel und elegant zu sein. Im Wesentlichen sind damit jene angeblich Reichen und Schönen gemeint, die sich per TV und Seicht-Magazine dem kulleräugigen Volk als neue „High Society" anbieten. Oft sind sie gar nicht reich, sondern krachen wie die Kaisersemmeln und sind halbwegs schön nur kraft ihres Haus-Chirurgen.

Das wäre schon okay, wenn sie nicht gar so wohltätig wären, sobald die Kameras der ORF-Seitenblicke oder der Sendung *Hi Society* von ATV im Augenwinkel sichtbar werden. Nichts gegen *Charity*, aber wir kennen Weltmänner, die ihre Philanthropie in aller Stille erledigen, mit einem Wirkungsgrad von 100 Prozent.

Zwei davon sind Freunde. Sie kommen aus der Welt der Werbung, die oft als Reich der Schelme angesehen wird, was weder ganz falsch noch ganz richtig ist. Der eine, hier pseudonym H. S. genannt, hatte das Gießkannenprinzip satt. Er half fortan bestimmten Familien in Not. Der andere, hier pseudonym E. Sch. genannt, dient in radikaler Stille einer generellen Verschönerung der Welt.

Ein lupenreiner MVW dürfte niemals einen Text wie diesen schreiben. Er weiß zwar, was sich gehört, wird aber jene, die dem Gesetz der inneren Noblesse widersprechen, so wenig wie möglich verachten und schon gar nicht bloßstellen. Er wird seine natürliche Toleranz ausreizen.

Er würde sich nie zu jenen gesellen, die in lautstarker Runde gegen Komplexler wettern, also gegen Gäste niedrigster Talkshows, öffentliche Handy-Plauderer oder Who-is-Who-Geile. Er würde wissen, dass die Zeternden psychologisch ihr eigenes Problem haben: Sie zetern gegen ihre eigene innere Gefährdung, so wie Sex-Witze-Erzähler oder Kritiker des Rechtsüberholens.

Der MVW ist niemals eine Ulk-Nudel, wesentlich schweigsam, zuweilen auch einsam. Oft findet man einen unter dem Motor-Bike-Helm. Viele haben die Anonymität des Motorradfahrens gewählt, um das Sanfte & Wilde auszupendeln. Und sollte so einer zu den beliebten Rudel-Ausfahrten etwa der Harley-Davidson-Community geladen werden, wird er sich mit übermütigen Sprüchen entschuldigen: „Die Krähe fliegt im Rudel, der Adler fliegt allein."

Manchmal, bei Neumond, wird die Einsamkeit hart. Dann lädt der MVW seinesgleichen in geheime Raucher-Separees feiner City-Hotels. Auch das Noble ist eine Sau, die Auslauf braucht.

Warnung

DIE SPRACHFALLE

Ein Mann, ein Un-Wort

»Bakterien, Viren, Keime – alles klein und gewaltig.«
Rupert Riedl (1925–2005), Zoologe

Manchmal steigen unscheinbare Worte auf, die ihren eigenen Magnetismus entwickeln. Beispielsweise das unbestimmte Pronomen *man*, das viele brave Bürger in Geiselhaft nimmt.

Es ist für jene gedacht, die nicht wissen, was sie selber wollen. Es ist für jene erdacht, die nichts falsch machen wollen. Es ist Lieblingswort der Blödzeitungen (Copyright: Tatort-Kommissar Manfred Klug) und Seichtmagazine. Es soll ihren Lesern den leuchtenden Pfad weisen, um nicht OUT, sondern IN zu sein.

Man trägt jetzt xy, *man* riecht jetzt nach dem Eau de Toilette xy, *man* misst jetzt die Zeit mit dem xy-Wecker, *man* fährt jetzt die Automarke xy, *man* liest jetzt den Autor xy, *man* isst und trinkt jetzt bei xy.

Was tun? Einfach das Gegenteil wählen, um dem Mainstream auszuweichen? Normalerweise ja. Immer noch besser, als sich als Leser jener Medien auszuweisen, die man tatsächlich neben der Bibel und Saul Bellow und den tieferen Medien *auch* liest, oft mit der Ausrede, sie seien gerade beim Friseur herumgelegen.

Streng genommen, darf sich ein MVW keinem Diktat außer dem eigenen beugen. Er darf nicht einmal ein Produkt verwerfen, das er selbst schon seit Jahren liebte, nun aber für alle modern weiß. Ich kann das nicht. Als das Rasierwasser von Issey Miyake populär wurde, stellte ich meines in eine ferne Ecke.

Ein Freund war darin stärker. Als Lacoste-Leiberln, die wirklich erstklassig gewebt sind und ihren höheren Preis fast verdienen, für Angeber modern wurden, hielt er ihnen die Treue. Er versuchte zwar, das typische Markenzeichen *Krokodil* zu überfärben, später herauszutrennen. Beides misslang. So bestellte er zur ironischen Überhöhung drei schwarze T-shirts mit riesigem goldenem Kroko. Er erhoffte Gelächter. Lacoste-Angeber rissen es ihm vom lebendigen Körper.

Dieser MVW heißt Bernhard Ludwig, Seminarkabarettist. Seine *Anleitung zur sexuellen Unzufriedenheit* samt CD und Cartoon-Book ist unentwegt ausverkauft. Am Lacoste-Leiberl scheiterte er. Eines der drei Riesen-Krokos hat er mir geschenkt. Ich wagte nie, es zu tragen. Ich bin zu schwach für so was.

Was also kann man tun? Wahrscheinlich nur dies: einen radikalen Widerwillen gegen jedes Medium entwickeln, das jenes Zwergwort „man“ öfter verwendet, als es die natürliche Sprache verlangt.

FEUERT DIE PHANTASIELOSEN

Eine neue Formel zur Bewertung von Top-Managern und Politikern

»Sarkasmus entsteht, wenn sich Erfolg und Intelligenz nicht die Waage halten.«
Oliver Hassencamp (1921–1988)

Das Wort „Innovation" kommt selten zu Ehren. Das ist merkwürdig, da es unter den vielen faden Wörtern, die mit Politik, Unternehmensführung und Leistung verbunden werden, das spannendste ist. Prof. Karl Aiginger, Wirtschaftsforscher in Österreicher und hoch angesehen in US-Elite-Unis wie MIT und Stanford, hält „Innovation und Forschung" überhaupt für den wichtigsten Begriff neben „Ausbildung". Ihre Förderung sieht er als wesentliche aktive Möglichkeit der Politiker, den derzeit noch hohen Status der deutschsprachigen Länder in die Zukunft zu retten (Österreich, Deutschland und die Schweiz sind in Einkommen-pro-Kopf unter den Top Ten der entwickelten Industriestaaten). Als Aiginger-Aficionado stimme ich gerne zu. Ein Politiker wird nur dann als neuer Mann von Welt gelten dürfen, wenn er in Wort & Tat zeigt, dass er die Sache begriffen hat. Das wäre auch insofern eine sinnvolle Auslese, als diese Haltung Charakter verlangt. Die Wähler finden Steuergeschenke sicher klasser, zumal der warme Regen einer Innovations-Stimulanz nicht gleich fällt, sondern frühestens in der nächsten Legislaturperiode. Künftig gilt also: vor den Vorhang mit jenen

Politikern, die sich als weitsichtige Staatsmänner erweisen. Soviel zur Makroökonomie, der Volkswirtschaft. Wie sieht es in der Mikroökonomie, der Betriebswirtschaft und Unternehmensführung, aus? Antwort: im Prinzip genauso. Ich entwickle nun (durch den Begriff „Innovation" belebt) eine neue Formel zur Beurteilung von Führungskräften, die an der sozial wichtigen Schnittstelle „Manager-Leistung und Personalabbau" greifen soll.

Folgende Ausgangslage: Viele Führungskräfte zerstören derzeit mit beispiellosem Zynismus die Vertrauensbasis zu ihren Mitarbeitern. Rund um den Globus feuern sie ihre Mitarbeiter, getrieben von eigener Kopfgeld-Prämien-Gier und der Dividenden-Gier kurzatmig hechelnder Aktionäre. Herr Ackermann (*Deutsche Bank*) bleibt dafür das beste Bespiel. Unvergesslich, wie fröhlich er einen Rekordgewinn und die baldige Freisetzung von tausenden Mitarbeitern verkündete. Dumme Kapitalisten sehen in ihm einen Helden. Er und seinesgleichen sind aber keine. Sie sind nicht einmal gut. Zur Exzellenz fehlen ihnen exakt 50 Prozent. Kalte Zahlengier und Sarkasmus rauben ihnen Sensibilität und Phantasie. Diese Eigenschaften braucht man aber für Innovationen, die veraltete Arbeitsplätze durch neue ersetzen können.

Den Eismännern selbst ist kaum ein Vorwurf zu machen. Sie sind halt so. Auch Rottweilern wirft man nicht vor, nicht singen zu können. Man sollte ihnen nur nicht die Bühne der Oper zur Verfügung stellen.

Diese Überlegung gibt den Weg zu einer neuen Formel frei, die einem ethisch orientierten „Kapitalismus mit menschlichem Antlitz" gut anstünde. Denkschritte: Produktivitätsfortschritt (PF) und Innovationsfortschritt (IF) sind die zwei Brennpunkte der Ellipse „Erfolg", gültig für einzelne Betriebe wie für die Volkswirtschaft. PF ist ökonomisch existenznotwendig und gefährdet alte Arbeitsplätze (AP). IF schafft neue. Fazit: Wir sollten nur jene Unternehmer und Topmanager achten, deren sozialer Erfolgsfaktor AP = f(IF) gleich hoch oder höher ist als AP = f(PF).

Diese Formel wird Verfeinerung brauchen. Doch schon als Idee würde sie uns von jenen Simpeln befreien, die von Irregeleiteten als reine *cost-killers* bejubelt und beschenkt werden.

GRENZEN DER ÄSTHETIK

Darf ich etwas gegen Schnellgehen und Nordic Walking sagen?

»Anmut umgibt die Eleganz und kleidet sie.«
Joseph Joubert (1754–1824), Moralist, Essayist

Eine alte Buchverleger-Regel, die ich gerade erfunden habe, besagt folgendes: Jeder Sachbuch-Autor darf ein kleines Kapitel aus seinem letzten Buch in das neue verschleppen, wenn es sinnvoll ist, also nicht nur zum Zwecke der Werbung geschieht.

In unserem Fall sieht das so aus: Das letzte Buch *Darf man per E-Mail kondolieren?* (Untertitel: „Der Knigge des 21. Jahrhunderts") ist ja wirklich gelungen. Es wird über Gebühr gelobt und verkauft. Die Geschichte „Darf man vor dem 40-er Nor-dic Walken?" wird hier gleichwohl nur deshalb zitiert, weil sie perfekt passt. Und weil ein berühmter Gentleman ihr Fürsprecher ist: Ernst „The Voice" Grissemann, die neben Miguel Herz-Kestranek schönste Vortragsstimme Österreichs seit Oskar Werners Ableben, bietet den Nordic-Walking-Text, wie er jüngst versicherte, in jeder seiner Lesungen an. Auch wenn er als Radio-Mann wenig Sinn für Autoren-Tantiemen entwickeln konnte, freut uns das über die Maßen. Die klugen Leserinnen und schönen Leser des letzte Buches mögen dem Text, den sie kennen, die Stimme Grissemanns hinzufügen.

FRAGE:
Darf man vor dem 40-er Nordic Walken?

ANTWORT:

Nein, man darf nicht. Man darf es überhaupt nie. In keinem Alter. Eine bessere Welt kann nur dann werden, wenn wir endlich Schönheit und Ästhetik über jede Vernunft stellen. Das so genannte Vernünftige und Ur-G'scheite, wie der Bayer sagt, hat unserem Universum mehr Schaden zugefügt, als man ahnt. Um beispielhaft eine Allegorie zu nennen: Alle Kinder kommen als Künstler zur Welt, werden aber durch die vernünftigen Schulpläne als Künstler getötet, zumindest schwer verletzt. Dieser Satz ist nicht von mir, sondern vom klugen Professor und Weltkünstler Joseph Beuys.

Speziell bei unserem Thema, einer neuzeitlichen Höflichkeit, müssen wir begreifen, dass die Vernunft und das Wünschenswerte oft auseinanderfallen. Zwei unversöhnliche Lager. Es ist nicht vernünftig, wenn ein Mann einen Cadillac umrundet, um einer Lady die Beifahrertür zu öffnen. Aber schön ist es doch, auch heute noch. Von Vernunft aber keine Rede. Der lange Weg wirft den Mann in Erschöpfungen, die er während des restlichen Arbeitstages nicht mehr aufholen kann. Doch das glückliche Lächeln der verwöhnten Angebeteten lässt den Weizen im fernen Nebraska schneller wachsen.

Zum konkreten Thema: Nordic Walking wurde geschaffen, um aus älteren Herrschaften Greise zu machen. Nordic Walker bieten einen Anblick, schrecklich und gemein, um mit Goethe zu sprechen. Das gespenstische Tak-Tak-Tak-Tak ihrer Stöcke gellt tausendfach über die Hügel und erschreckt die Jenseitigen, die ihr mittelalterliches Programm der Bauernkriege noch ins Hirn gebrannt haben und glauben, ein grausames Heer sei auf dem Weg zu ihnen.

Junge Leute werden als Nordic Walker zu Behinderten, und Manager mit gutem Kampfgewicht sehen aus, als wären sie auf ihrem letzten Pilgergang nach Mariazell.
Prof. Herbert Krejci, Ex-Generalsekretär der Industriellenvereinigung, Chefredakteur der *Industrie* und einer der großen Denker des Landes, hat dieses Thema einst zwingend vermessen: „Ein Mann über vierzig hat sich in der Öffentlichkeit nicht schweißüberströmt und mit rotem Kopf zu zeigen." Dies nähme ihm, fügte er hinzu, jede Würde. Krejci sagte dies zu einer Zeit, wo nur von Jogging die Rede war und man keineswegs ahnen musste, dass eines Tages gesunde und schöne Menschen freiwillig zu Krücken greifen würden.
Niemand bezweifelt den gesundheitlichen Segen von Nordic Walking. Dieser ist dokumentiert. Das ist aber kein Grund, die Umwelt optisch zu verschmutzen und unschuldige Beobachter in größte Peinlichkeit zu werfen. Die Lösung kann nur darin liegen, ein Simulationsgerät (meines ist von *Kettler*) in den Keller zu stellen. Und auch das nur, wenn dieser Keller fensterlos und mit Tresortüren verschließbar ist.
Eine einzige andere Sportart übertrifft die barbarische, optische Unhöflichkeit des Nordic Walkings: Schnellgehen. Warum diese Catwalk-Parodie ins olympische Programm rutschen konnte, weiß heute keiner mehr.

6.

WELTMANN und WISSEN

»*Wirkliche Liebe ist ein Ausdruck der inneren Produktivität und umfasst Fürsorge, Respekt, Verantwortlichkeit und Wissen.*«

Erich Fromm (1900–1980)

SCHLÜSSELPUNKT WISSEN

Ungebildete und Ignoranten können nicht mehr MVW sein

»Wie soll ich wissen, was ich denke, bevor ich höre, was ich sage?«
Grethe Weiser (1903–1970)

Unter all den Fähigkeiten, die wir dem neuen MVW grausam abverlangen, sticht die Bildung hervor. Sie ist als Grundbedingung unübertroffen. Sie liegt in der Prioritäten-Liste gleichauf mit der Herzensbildung und ist logisch wichtiger als Eleganz, Geschmack und gutes Benehmen, die zur Abrundung des Idealbildes wichtig sind.

Wissen & Bildung sind erst heute mit dem MVW verbunden. Solange man jeden Aristokratie-Sprössling und Militär-Offizier schon in jungen Jahren automatisch zum MVW erhob, waren auch Geistesträge geduldet. Tausende Militär-Witze und Graf-Bobby-Witze wurden nicht grundlos erfunden.

Der Vorrang des Wissens fällt in eine schwierige Zeit. Das Thema ist komplex wie nie zuvor. Als Schreck-Ruf dient die Kennziffer „Verdoppelung des Wissens in x Jahren". Früher lag die Variable „x" bei einem Jahrhundert, heute liegt sie bei fünf bis zehn Jahren.

Das wirft einige Fragen auf, die es früher nicht gab. Die folgenden Unterkapitel sind ihnen gewidmet. Das direkt anschließende Thema „Geschichte des Wissens" könnte von zeitknappen MVW-Anwärtern ausgelassen werden. Es muss nicht gelesen werden. Allerdings wiederhole ich meine Überzeugung, dass man die Gegenwart eines Phänomens nur anhand seiner Historie begreifen kann. Alle Geistesmenschen, die wir verehren, waren immer auch gute Historiker. Gegen die Stabilität ihres Wissens wirkt das Matterhorn wie ein flatternder Strafzettel im Wind.

Chronik

DIE GESCHICHTE DES WISSENS

Laut Goethe ein ewig Weben, ein ewig Streben

»*Das Wissen ist das Kind der Zeit, nicht der Autorität.*«
Bertolt Brecht (1898–1956), Leben des Galilei

Wir unterscheiden fünf markante Epochen: die Antike, das Mittelalter, die Renaissance, die Revolutionen und die Neuzeit.

Es ergibt Sinn, bei den Hellenen anzufangen. Sie waren später das Vorbild der Renaissance, die sich an antiken Idealen orientierte. Den privilegierten Griechen war die Klugheit wie Spielzeug. Sie lasen ihren Homer mit dem entspannten Entzücken heutiger Kitzbüheler, die ihren Hansi Hinterseer hören – was ein Argument sein könnte, der Evolution der Menschheit zu misstrauen.

Die spätere Wissenstradition in Arabien und im Europa des Mittelalters war ein Rückfall. Sie war weiterhin elitär und zusätzlich einseitig. Man verherrlichte die Naturwissenschaften. Oder das, was dafür gehalten wurde, ein seltsames Gebräu aus Faktenhopfen, metaphysischem Malz und esoterischen Schaumflocken. Der mittelalterliche Wissende war in erster Linie gut in Astrologie, Alchemie und Kräuterhexen-Pharmazie. Das bäuerliche Volk machte sich hilflos lustig. Silvester II. hielt man für den ersten Papst, der als Schwarzkünstler mit dem Teufel im Bunde war – nur weil er Bücher las.

In der Renaissance kam die antik-fröhliche Freude am Ganzheitlichen wieder, erhöht durch neue Freiheiten der Künstler und Denker. Die Aberglauben des Mittelalters wurden reduziert. Philosophie, Geometrie und Astronomie waren geachtet, weil sie wenig mit Magie zu tun hatten. Kenntnis der lateinischen und griechischen Sprache gehörte zum Rüstzeug des MVW, so wie ab dem sechzehnten und siebzehnten Jahrhundert ein Grundwissen in Mathematik und Medizin.

Ein seltsamer Wendepunkt war das achtzehnte Jahrhundert. Einerseits steigerte das „Jahrhundert der Genies" (Goethe, Schiller, Voltaire, Mozart, Beethoven, Kant) den Wissenshunger. Anderseits wurde er gelenkt. Die Französische Revolution färbte ihn politisch. Die industrielle Revolution färbte ihn in Richtung „Nützlichkeit".

Beide Färbungen schadeten. Die politische erhitzte die Köpfe, die nur kühl funktionieren. Die nützliche führte zum Zweifel am sogenannten sinnlosen Wissen. In den Handelszentren förderte man nur, was dem Wirtschaftserfolg diente.

Im 19. und 20. Jahrhundert gab es zwar viele Inseln des „reinen Wissens um seiner selbst". Sie ernteten Bewunderung und brotlosen Applaus. Im Prinzip änderte sich daran bis heute nichts. Wissen, das Wirtschaftswachstum verheißt, wird hoch bezahlt. Wissen, das nur Geisteswachstum fördert, wird niedrig entlohnt. Wer als Historiker, Archäologe, Ethnologe, Kulturwissenschafter, Soziologe oder Philosoph reich werden will, muss internationale Bestseller schreiben.

Der reine Pragmatismus gilt heute als Sackgasse. Jeder Denkende verachtete seine Auswüchse in den Supermächten. Die ehemalige Sowjetunion misstraute jedem Wissen, das nicht dem Machtzuwachs diente. Die USA trieben den Rationalismus auf die Spitze. Man war sogar affenstolz auf die

Verkleinerung der Sprache, pries als Fortschritt, als man endlich mit 1500 Wörtern für die Geschäftskorrespondenz auskam. Ziel ist ein *English Light* oder *Basic English* mit 800 Wörtern. Das heißt Stammeln und Grunzen. Für eine geistvolle Unterhaltung braucht man einen Grundwortschatz von mindestens 100.000 Vokabeln. Der neue MVW wird 200.000 und mehr anstreben – als persönlichen Luxus und zur Freude seiner Umgebung.

Ob daraus ein Breitensport wird, hängt ausschließlich von den Medien ab. Sie kämpfen heute ums Überleben, weil der richtige Mix von Papier-Radio-TV-Online schwierig zu finden ist. Derzeit setzt man in den Verlagsspitzen auf Kaufleute, die lieber Bilanzen als Storys lesen und den alten Indianerspruch „Guter Journalist ist billiger Journalist“ in Ehren halten. Viele neue Medien kommen schon mit 400 Wörtern aus, weil ihre wichtigsten Objekte – Models, Popstars und Erben mit hohem arbeitslosem Einkommen – die Sprachbilanz nur mit zwei Wörtern belasten: „spitze“ und „super.“

Als staatlich geprüfter Optimist glaube ich an einen baldigen Umschwung. Aber Glauben ist noch nicht Wissen.

SPONTAN-WISSEN ODER FINDE-WISSEN?

Wer sein Wissen suchen muss, den bestraft das Leben

»Schlagfertigkeit ist etwas, auf das man erst 24 Stunden später kommt.«
Mark Twain (1835–1910)

Es gibt einen Satz, der ab dem Millennium 2000 dankbar adoptiert wurde. Kaum einer, der ihn kritisiert, obwohl er reiner Schwachsinn ist. Er lautet: „Ich muss nichts selber wissen, nur wissen, wo ich nachschlagen kann."

Mit Verlaub: Dieser Satz war einst für Wissenschafter auf hohem Niveau gedacht, die den Wunsch hatten, über die jüngste Entwicklung ihrer Branche unterrichtet zu sein. Dort lautet er im Detail auch anders: „Ich muss nicht *alles* selber wissen ..."

Der neue MVW wird nach seinem latenten, spontanen Wissen beurteilt. Undenkbar ein Gespräch kluger Leute, wo jeder vor seiner Wortmeldung im Lexikon nachschlägt oder seinen Computer zückt, um in Google und Yahoo zu stöbern. Dies gliche jenen unsäglichen Witze-Erzählern, die Schmierzettel mit sich tragen, auf denen die Pointen stehen.

Alles Wissen, das zur Kommunikation gebraucht wird, muss spontan abrufbar sein. Frage: Wie soll dieses Wissen beschaffen sein? Grausame Antwort: möglichst tief und weit gespannt. Weniger grausam: Man kann sich heute auf jedes

Rendezvous gut vorbereiten, mit besseren Hilfen als je zuvor. Die genannten Internet-Suchmaschinen gehören dazu. Es schadet aber keineswegs, auch tiefergehende Sachbücher zu konsultieren. Oder prächtige Bildbände, die den emotionalen Einstieg ins Thema erleichtern.
Es gibt ein vernünftiges Grundbedürfnis nach Grundwissen. Ein Buch namens *Alles, was man wissen muss* (oder so ähnlich) wurde zum Bestseller. Mich hat es enttäuscht. Ich konsultierte es dreimal, um meine Halbbildung aufzuforsten, fand aber eher Kahlschlag. Viel zu oberflächlich. Sehr gut hingegen der Top-50-Weltliteratur-Kanon namhafter Wochenmagazine wie *profil* (Österreich), *Die Zeit* (Deutschland) und *Weltwoche* (Schweiz). Die Auswahl ist zwar intellektuell-affig, in Summe aber gut. Wer diese Bücher liest, gewinnt genügend Spontan-Wissen für jede Art der Unterhaltung.

EXOTISCHE PHÄNOMENE

Über sinnloses Wissen und Ordnung im Chaos

»Man muss noch Chaos in sich haben, um einen tanzenden Stern gebären zu können.«
Friedrich Nietzsche (1844–1900), Also sprach Zarathustra

»Ordnung braucht nur der Dumme, das Genie beherrscht das Chaos.«
Albert Einstein (1879–1955)

Joseph Addison (1672–1719) stahl für sein Hauptwerk *Versuch über den Stolz (Essay on Pride)* ein Zitat von Sokrates: *The utmost extent of man's knowledge is to know that he knows nothing.*

Dieser Satz vom Nichts-Wissen ist langweilig geworden. Wir Sterblichen wissen zwar immer noch nicht, wer „beim Urknall geknallt hat“ (Rupert Riedl), aber doch viel mehr als zu Zeiten von Sokrates und Addison. Wir wissen auch schon mehr, was das Wissen selbst betrifft.

Beispielsweise, dass es kein sinnloses Wissen gibt. Jedes zufällige Wissen verzinst sich, oft sogar höher als gezieltes. Für Zufalls-Wissen empfehlen sich zwei totgesagte Arten von Enzyklopädien.

Erstens: die alten, gebundenen, noblen Lexika à la *Brockhaus, Meyers, Encyclopaedia Britannica*. Viele Geistesriesen verdankten ihre Hochbildung dem „Bibelstechen“. Sie stachen täglich blind in ihr Lexikon und lernten das zufällige Stichwort.

Zweitens: die digitalen DVD-Lexika. Ursprünglich gab es viele Konkurrenten wie *Grolier, Compton's, Lexirom, Discovery* und *Encarta*. So wie die gebundenen Lexika werden auch sie immer weniger. Mein Darling wurde *Encarta* von Microsoft. Es gibt dort Lernhilfen, die lustiger und pädagogisch besser sind als jede Internet-Suchmaschine, darunter geführte Themen-Touren und 3-D-Panoramen. Man wird von einem Thema zum anderen angeregt. Nach einer Nacht mit hundert Maus-Klicks ist man um Jahre gebildeter.

Zweite Erkenntnis vieler Wissenshungriger: Chaos schlägt Ordnung. Mein Mittelschul-Deutschlehrer war ordentlich. Er war von der Idee besessen, jeden Autor ganz zu kennen, ehe man fortschreiten durfte zum nächsten. Zuerst der ganze Adalbert Stifter, dann der ganze Stefan Zweig, dann der ganze Thomas Mann. Absolut tödlich. Freude am Buch gibt es erst, seit ich lese, wie eine Sau frisst, alles durcheinander. Je mehr Bücher auf dem Schreibtisch und dem Nachtkastl liegen, desto besser merke ich mir auch die Inhalte. Mögliche Begründung: Das Hirn ist ständig unterfordert und hat Sehnsucht nach Ordnungs-Aufgaben. Man muss nur daran glauben.

7.

WELTMANN und KUNST

»Das Höchste von allem ist die Kunst.«

Gustave Flaubert (1821–1880)

KUNST UND LEBEN

Das wichtigste Grundnahrungsmittel ist kalorienfrei

»Kunst ist für niemanden und für alle da.«
Piet Mondrian (1872–1944)

*»Kunst ist nicht fürs Volk.
Die Allgemeinheit kann höchstens dazu erzogen werden,
das, was sie nicht versteht, zu respektieren.«*
Fritz Wotruba (1907–1976)

Es lohnt sich, beim Thema Kunst zunächst locker zu bleiben. Der MVW sollte sich von den Schwärmern absetzen, die alles, was als Kunst verkauft wird, lautstark vergöttern, weil sie (a) die Umwelt von der Erhabenheit ihrer Seele überzeugen wollen und (b) keine Ahnung haben.

Um diese Peiniger von Zeit zu Zeit lächerlich zu machen, empfiehlt es sich, einen Vorrat an kunstfeindlichen Sätzen anzulegen. Es müssen keine eigenen sein. Die Überlieferung, die Literatur und die Medien bieten eine reiche Auswahl.

Unter den überlieferten Sprichwörtern gefällt der Satz „Kunst ist Bargeld“. Oder: „Kunst ist das, was in Museen und Galerien hängt.“ Aus der Literatur gefällt Gottfried Benns Satz, dass „Kunst viel seltener ist, als es scheint“. Bezüglich der Medien gefällt ein Satz des Kunsttheoretikers und Ästhetik-Professors Bazon Brock: „Kunst ist beliebiger Rezeption zuordbar.“

Es wird den MVW erfrischen, gelegentlich mit Spott und Häme über das Phänomen Kunst herzufallen, um seine eigene Hörigkeit zu überspielen. Wer immer strebend sich bemüht, aus seinem Leben etwas Höheres zu machen, kommt ja unvermeidlich ins Kraftfeld der Kunst. Jeder Ambitionierte fühlt ihre Gravität.

Die meist wehrlos wachsende Begeisterung wird oft zur Leidenschaft, in schlimmen Fällen zur Obsession und damit zu einer gewissen Unfreiheit. Diese sollte wachsam bekämpft werden, weil sie dem unverzichtbaren MVW-Attribut „Souveränität“ widerspricht. Selbst in der schönsten Form wird Sucht zur Belastung. Wer etwa sein Leben völlig der Kunst-Sammelleidenschaft unterwirft, gefährdet seine Entwicklung zur ganzheitlichen Persönlichkeit genauso wie ein obsessiver Schachspieler oder ein Schrebergärtner, der nur noch Salate und Schnecken kennt. Die Kunst sollte nicht alles sein. Allerdings spricht vieles dafür, sie an die Spitze zu stellen. Es gibt dafür rationale und irrationale Gründe.

Rationale Gründe: Die Kunst wird der Endpunkt unserer irdischen Mühen sein. Heute müssen wir uns in Politik und Nationalökonomie noch um die Befriedigung der Grundbedürfnisse „Essen, Kleiden, Wohnen“ kümmern. Spätere Generationen werden davon befreit sein. Sie werden, wie mein Freund Günther Nenning (1921–2006) schrieb, nur noch „in der Sonne auf einem Denkstein sitzen und Gedichte verfassen“. Auch der Psychologe Karl Rössel-Majdan sieht Kunst als „eine Vorwegnahme des Künftigen“.

Selbst jene Rationalisten, die den Wert einer Sache nur nach der Zahl der Arbeitsplätze messen, können schon heute mit Kunst & Kultur zufrieden sein. Wobei Kultur ein Überbegriff ist, der alles einschließt, was zur Evolution einer Zivilisation beiträgt. In manchen Großstädten schafft K & K bereits mehr neue Jobs als die Informationstechnologie (IT), die 20 Jahre lang die „Lokomotiv-Branche“ war, nun aber gleitend von „Gesundheit“ und „Kultur“ überholt wird.

Irrationale Gründe für die Spitzenstellung der Kunst gibt es so zahlreich wie die Farben im Spektrum des Lichts. Jeder Kunstliebhaber kennt seine eigenen. Generell gültig ist ihre Wirkung aufs Gemüt. Sie gilt als wichtigster Helfer auf der Flucht vor dem niedrigen Alltag. Sie bietet zugleich innere Stille und Glockenklang, Besänftigung und Erregung, lehrreiche Verstörung und Trost. Sogar die Künstler selbst, die gern die abgeklärten Zyniker spielen, geben in intimen Interviews zu, von Kunstwerken ergriffen zu sein, wenn auch hauptsächlich von den eigenen.

„Am Ende wird uns die Kunst das Wichtigste gewesen sein“, sagte Joseph Brodsky (1940–1996) in einem seiner letzten Interviews, den Tod schon vor Augen. Er meinte damit nicht nur die Literatur, deren Nobelpreisträger er war. Er meinte auch Musik, Malerei und Baukunst, deren Wirkung ihn überwältigte, als er in Venedig *Ufer der Verlorenen (Fondamenta degli Incurabili)* schrieb.

Die Wirkung der Kunst ist schon passiv überwältigend, für die aktiv Ausübenden offenbar unverzichtbar. Kaum ein Künstler gibt seinen Beruf auf, nur weil er hungert, was für 90 Prozent gilt, weil heute mehr denn je das „Bestseller-Prinzip“ oder „Pareto-Prinzip“ gilt: 10 Prozent kriegen 90 Prozent des Geldes und umgekehrt. Die schönste Begründung für die Besessenheit der Künstler lieferte mir Rupert Riedl, Zoologe und Verhaltsforscher von Weltruf, der in seinen Büchern auch ein Schreibkünstler mit eigenem *Sound* war. Er sagte: „Die Künstler haben das wahrscheinlich berechtigte Gefühl, die wichtigste Pflicht zu erfüllen: als Nachfahren des Schöpfers nachzuschöpfen.“

Passive Kunstliebe ist für den neuen, sensiblen und gebildeten MVW unverzichtbar. Er braucht sie zur Persönlichkeitsbildung und um in Gesprächen zu glänzen. Primitiver Stammtisch-Talk mag sich thematisch mit Gemeindepolitik und Sport begnügen. Höhere Gespräche landen immer auch bei neuen Bühnen-Inszenierungen von Martin Kušej, dem neuen Roman von Peter Handke, der erzählenden Malerei von Neo Rauch oder der neuesten verstörenden Foto-Kampagne von Benetton. Ein Grundwissen in den wesentlichen Künsten kann kein Fehler sein. Nach 1000 Diskussionen dieser Art empfehle ich allerdings schweigendes, freundlichnickendes Zuhören. Die Schwätzer der Runde werden dem MVW am Ende seinen „interessanten Beitrag" danken.
Nebengedanke: Schweigen ist nie ganz falsch, auch abseits der Kunst. Vorausgesetzt, man schweigt auf hohem Niveau. Selbst grobe Menschen fühlen, ob du als Wissender schweigst oder weil du nichts zu sagen hast.
Soll der heutige MVW versuchen, selbst aktiv zum Künstler zu reifen? Falls er Talent zur Weltklasse hat, ja. Sonst eher nicht, oder nur zur eigenen Freude. Dilettantische Werke dürfen niemals hergezeigt werden, schon gar nicht mit Stolz. Diese Peinlichkeit überlässt man aquarellierenden Hausfrauen. Thomas Mann, einer der großen Weltbürger des 20. Jahrhunderts, begriff das. Er liebte Musik und hatte Sinn für Würde. Er dirigierte nur seinen Schallplattenspieler.

KUNST UND KOHLE

Schämen Sie sich nicht, mit dem Erhabenen zu spekulieren. Malerei und Moneten passen gut zusammen. Eine Anleitung in zehn Punkten.

»Das, Monsieur le ministre, bedeutet 300.000 Schweizerfranken.«
Picasso auf die Frage eines französischen Politikers, was dieses Bild bedeute

Das Picasso-Zitat führt uns in selige Zeiten zurück, als seine Bilder nach heutiger Kaufkraft so billig waren wie ein Mercedes der S-Klasse. Mittlerweile haben Japaner seine Harlekine und van Goghs Schwertlilien bis zur Schilling-Milliarde hochgesteigert, was ziemlich resch ist. Auch wenn man sich diesen Betrag gar nicht vorstellen kann. Man braucht nonstop genau 7 Tage und Nächte, um 1 Million Tausender zu zählen.

Dieses Hochfieber ist zwar vorbei, hat aber die „Kunst als Kapitalanlage“ für viele entwertet. Brave Millionäre fühlten erstmals, was Armut heißt. Normale Anleger aus der Klasse der Sparefrohs begriffen sich als Proleten und Parias. Viele von jenen, denen die höchsten Trauben plötzlich zu sauer waren, flüchteten in frommes Geschwafel: „Es gehört sich eh nicht, spekulativ in Kunst zu investieren. Das Erhabene soll nicht in die Niederungen des Zinses gezogen werden.“

Sätze wie diese sind reiner Holler. Gegen die Frömmigkeit der Kunstwelt ist jedes Bordell ein Vatikan. Selbstverständlich darf ein Mann von Welt bei Kunst auch an Kohle denken.

Tipp 1

Keine Scheu – die Kunst ist nicht heilig

Es gibt zwar Heilige unter den Künstlern und Kunsthändlern, die sich noch nie mit dem Wort „Kapital" die Lippen vergif-teten. Leider weiß niemand, wie sie heißen und wo sie wohnen.

Selbst in Michelangelos Briefen an Päpste, Fürsten und seine Verwandten kommt das Wort Geld öfter vor als das Wort Kunst. Aus einem Brief vom 26. März 1547, gerichtet an seinen Neffen: „Lionardo, ich habe die Quittung über die Scudi erhalten, die Ihr von den Capponi für diejenigen bekommen habt, die ich hier bei den Altoviti eingezahlt habe, und ich bin baß erstaunt gewesen, dass Gismondo weder wegen dieses letzten Geldes noch wegen des ersten mit Dir zu ihnen gegangen ist ..."

Das grenzt schon an Hochfinanz. Die Biografien, Briefwechsel und Tagebücher aller Künstler sind Klingelkassen. Es geht um Existenzangst und Armut wie bei Van Gogh, oder um Misstrauen, Verlustangst und Eitelkeit bei den Erfolgreichen. Donatello zertrümmerte eine Bronzebüste, weil er nicht gleich den gewünschten Preis erhielt. Guido Reni schrieb selbstkritisch: „Ich wähle die Ketten, aber sie müssen aus Gold sein." Und dem Porträtmaler Karl Arnold wurde der Satz angedichtet: „Für 50 Mark kann ich nicht meine ganze Seele vermalen." Als Picasso sein erstes Geld in der Hand hatte, schoss er begeistert mit Pistolen um sich. Seinen Kunsthändler Kahnweiler liebte er, weil er ihn früh erkannte und finanzielle Sicherheit bot. Auch im Art-Club, einer legendären Kunst-Keimzelle Wiens, die eine Wiege für junge Spritzer wie Mikl, Rainer, Artmann und Gulda war, war die chronische Geldverlegenheit Tagesgespräch. Der Bildhauer Heinz

Leinfellner schlug Wolfgang Hutter als Art-Club-Kassier vor. Den Einwand, Hutter könne kaum schreiben, geschweige denn rechnen, verwarf er: „Aber er hat eine reiche Frau.“
Kurzum: Geld spielt in der Kunst wie an der Wallstreet eine Hauptrolle. Aus der Vogelschau gibt es noch weitere Parallelen. Hier wie da gibt es mächtige Manipulierer und großen Einfluss der Medien. Die Kurse der Wertpapiere wie die Preise der Gemälde haben selten ein objektives Fundament, sondern sind Spielball der Psychologie und Massenhysterie. Die Lemminge laufen hier wie da den Moden und den großen Namen nach, oft bis zum Hype und Absturz.
Fazit und Tipp 1 daher: Wer jetzt als Neuling darangeht, sein Geld zwecks Vermehrung in die Malerei zu stecken, sollte es guten Gewissens tun. Es ist eine erdige Welt. Man betritt kein Kloster, sondern ist Sünder unter Sündern.

Tipp 2+3

Lockerheit – Die Vorzüge des Spielkapitals und der Geduld

André Kostolany, der liebeswürdigste und weiseste Börse-Guru, empfahl, ausschließlich mit Spielgeld zu spekulieren, das man bis zum letzten Cent verlieren dürfe, ohne zu verhungern. Nur so finde man zum lockeren, gefühlsbetonten Urteil in der Auswahl seiner Spekulationsobjekte. Fazit: Normale Existenzsicherung mit hochkonservativen Anlagen via Versicherungen und Blue-Chips-Fonds, nur den Rest fürs Lustige. Kostolany empfiehlt auch Geduld: „Hysterisches Rein-und-Rausspringen kostet mehr, als es bringt.“

Tipp 4

Vorfreude – warum Bilder trotzdem keine Aktien sind

Vorsicht und Vorfreude: Kunstinvestitionen haben Suchtcharakter. Anfangen ist schwierig, aufhören noch schwieriger. Grund: Gemälde, Zeichnungen, Lithographien, Skulpturen, Mobiles sind eben doch keine Aktien. Sie sind körperlich existent. Aktien hingegen schlummern in den Tresoren oder Büchern der Hausbank. Bilder sind ein optisches und haptisches Fest. Sensible Naturen berichten erschüttert vom Tag, als nach hundert Toulouse-de-Lautrec-Kunstdrucken das erste Original ihre Wohnung betrat. Ein neues Familienmitglied, das in der Nacht an der Wand atmet.

Tipp 5

Strategie – das Ziel des eigenen Weges

Neureiche lassen ihre Bibliotheken oft von Innenarchitekten bestücken und die Wände von Galeristen behängen. Das ist gescheiter als gar nix, lässt aber den entscheidenden Liebesakt aus: die eigene Wahl. Das Ziel sollte lauten: Ich höre und honoriere jeden guten Rat, suche aber meinen eigenen Weg. Hauptgrund: Bilder, die mich aufregen und beglücken, bleiben auch dann wertvoll, wenn sie den Applaus des Kunstmarktes nie gewinnen oder wieder verlieren. Auch das ein günstiger Gegensatz zu Wertpapieren. Eine 20-prozentige Kongo-Anleihe (für traditionell umnachtete Geldanleger wie Ärzte) ist nach ihrem erwartungsgemäßen Sturzflug etwas wirklich Totes, *over & out*.

Tipp 6

Partner 1 – Die Galeristen

Gute Galeristen sind etwas Tolles, meist kultiviert, intelligent, gebildet, gut von der Kunst angefärbt. Oft sind sie gar nicht zu umgehen. Beispielsweise bei sehr toten oder sehr berühmten Künstlern, die keine Kunden mehr empfangen.

Kann beispielsweise sein, dass man eine spezielle Mapplethorpe-Fotografie nur über Thaddaeus Ropac (Salzburg/Paris) kriegt. John Sailer (Galery Ulysses) zeigt ein Sensorium für Cartoons und Karikaturen, diese wunderbare Zwischenwelt von U+E-Kunst. Einen Hrdlicka wird der Wissende am ehesten über Ernst Hilger (Wien) suchen, dem der Bildhauer und grandiose Zeichner väterlich zugetan ist.
Hilger fiel früh mit Innovationen auf. Als Hochschüler demokratisierte er die Kunst, indem er Marketing und Medien für preiswerte Druckgrafik-Editionen nützte. Heute brilliert das artlab im Internet, das Albert Hochleithner (Ex-Siemens-General), Peter Baumgartner (damals Siemens-Kommunikations-Designer) und Ernst Hilger zur Welt brachten. Unter *www.artlab.at* findet der suchende Sammler junge, preiswerte österreichische Künstler mit Entwicklungspotential.

Tipp 7

Partner 2 – die Künstler selbst

Sammler sind nicht päpstlicher als der Papst. Es soll schon vorgekommen sein, dass Bilder direkt im Atelier des Künstlers gekauft wurden. Sehr italienisch, steuerneutral, eine flüsterleise Win-win-Situation: Der Künstler kann ein bissl mehr verlangen, als er von der Galerie kriegt, der Kunde zahlt ein bissl weniger, als die Galerie verlangt. Halbwegs staubfrei ist dieses Verfahren nur bei Nachwuchskünstlern, die noch keine Vertragsgalerie haben. Atelierbesuche empfehlen sich freilich unabhängig von der Art des Ankaufs. Wenn du den Künstler persönlich kennst, wird aus dem zweidimensionalen Original ein Würfel.

Tipp 8

Bildung – das unverzichtbare Minimum

Ob man sie wirklich braucht, ist ungewiss. Es gibt Kunsthistoriker, die nur einen gerahmten Kalender-Hasen von Dürer besitzen. Und instinktsichere Sammler, die noch nie von der „Brücke“ oder den Dadaisten hörten. Dennoch: Theorie ist klass, auch amüsant und für Spekulanten zumindest in einem Fall unentbehrlich: um einfallslose Kopierer und Epigonen besser zu erkennen. Der Kunstmarkt honoriert mit Recht nur die „Erfinder“. Aufgerasterte Sprechblasen-Cartoons gehören zum Namen Roy Lichtenstein. Kopfüber aufgehängte Bilder zu Georg Baselitz. Skulpturen mit eigenen Häusern zu Walter Pichler. Penibel gemalte, verwischte Schwarzweiß-TV-Bilder zu Gerhard Richter. Aufgeschlitzte Leinwände zu Lucio Fontana und die Farbe IKB (International Klein Blue) logisch nur zu Yves Klein. Interessant und lohnend daher die Suche nach Künstlern, die DAS NEUE finden, auch wenn dieses Neue im ersten Moment fast immer schockiert und oft lächerlich wirkt.

Tipp 9

Die Einserfrage – das eigene Urteilsvermögen

Es gibt keinen Abschneider. Altmodische Werte wie Fleiß und Übung sind gefragt: das innige Studium von mindestens 1000 Bildern, tunlichst der Originale. Der reisende Kunst-Lernende definiert die Städte bald nach ihren Museen. Venedig wird Villa Grassi, Rom die Villa Borghese, St. Petersburg die Eremitage. So entsteht ein Erfahrungsmuster, das immer dichter und energetischer wird und schließlich das Licht anknipst. Man lernt die Kunst des Sehens. „Starke“ und „schwache“ Bilder sind dann leichter zu erkennen. Das ist

heute besonders wichtig. Denn der reinen Malerei (abstrakte Kunst) fehlen manche objektive Beurteilungskriterien der klassischen, gegenständlichen Kunst; beispielsweise Naturähnlichkeit (Porträt, Landschaft) oder die pitzelige Handwerksqualität der Lasur-Feinmalerei. Allerdings kehrt das Figurative gerade wieder zurück, vielleicht auch bald wieder das Altmeisterliche.
Was sicher bleibt, ist das ständige Streben nach Neuem. Bald wird es universale All-in-One-Kunstwerke geben, die alles bisherige sprengen, einen grenzenlosen Mix von Mischtechnikmalerei, Fotografie, Schrift, Inkjetdruck, Video, Lauftext, Mobiles, Skulpturen und Installationen, vielleicht noch ergänzt durch 3-D-Audio und persönliche Performance des Künstlers. Die Künstler, die heute schon lächeln über die patscherten Versuche der Kunstkritiker, ihre Bilder und Installationen zu deuten, werden endgültig winseln vor Heiterkeit.

Tipp 10

Ein gewisses Lächeln

Früher war der Durchblick um einiges leichter, als es die sauberen Kunstrichtungen noch gab, die jeder Museumsführer seinen Besuchern aufzählen konnte. So nach dem Spruch: „Die Impressionisten malten, was sie sahen. Die Expressionisten malten, was sie fühlten. Die phantastisch-sozialistischen Realisten malten, was sie vom Zentralkomitee hörten."
Das ist vorbei. So einfach wird es nie mehr sein. Ein MVW, der heute die bildende Kunst aufsucht – als reiner Liebhaber oder grausamer Spekulant – braucht das Talent für ein gewisses Lächeln. Wer bitterernst an die Sache geht, stirbt den Hirntod.

DIE JAPANISCHE KUNSTNISCHE

Sie hat was Elegantes und Weltmännisches. Ist sie auch für Europa brauchbar?

»Mit dem guten Geschmack ist es einfach, man nehme von allem nur das Beste.«
Oscar Wilde (1854–1900)

Ein Grundgesetz, das sich durchs ganze Buch zieht, lautet: Qualität schlägt Quantität. Wem heute in den Zeiten „hohen Wohlstands und hoher Unzufriedenheit" (Nationalökonom Paul Krugman) immer noch nach „Billig, aber viel!" zumute ist, der fällt als MVW durch das Sieb.
Leider gilt dies für die meisten Bürger. Nach wie vor werden Werbesprüche wie „Geiz ist geil!" nicht verlacht, sondern begeistert begrüßt. Und keineswegs nur in den Schichten niedriger Bildung und niedrigen Einkommens.
Dass „Billig, aber viel!" immer noch hoch in Ehren steht, sieht man auf grauenvolle Weise beim privaten Kunstbesitz. Die Anweisung „Man geht nicht in die Häuser" (Friedrich Torberg in der *Tante Jolesch*) ist schon deshalb klug, weil Spaziergänge durch Häuser und Wohnungen meist einer Fahrt mit der Geisterbahn gleichen. Das Auge wird beleidigt durch Tonnen von billiger, bunter Kunst.
Wie berührend hingegen Besuche in traditionellen japanischen Häusern. Dort gibt es keine Mengen, nur Qualität. Die Räume werden möglichst groß und leer gehalten, luftig durch Schiebetüren, mit wertvollen Holzböden und Tatamis.

Wie eine Monstranz wird die sogenannte „Kunstnische" hochgehalten, in der ein einziges Kunstwerk hängt (Gemälde, Holzschnitt) oder steht (Skulptur, Plastik, Miniatur), in das alle finanziellen Möglichkeiten der Familie flossen. Erst wenn dort das Maximum erreicht ist, etwa ein Original-Ukyio-e (Holzschnittabzug) von Hokusai oder eine Figur von Giacometti, wird eine zweite Kunstnische eröffnet.
Man ahnt, wie wohl es dem Auge tut, ein Kunstwerk zu betrachten, das seine Wirkung entwickeln kann, während selbst Meisterwerke durch dichte Hängung verlieren – eine Erbsünde aller Museen. Hier liegt der Hauptgrund, warum man renommierte Kunsttempel oft enttäuscht und ermüdet verlässt.
Ist also die Kunstnische japanischer Art die Lösung? Im Prinzip ja. Ein MVW, dem Herzensbildung ein Anliegen ist, wird freilich nicht drauf verzichten, weiterhin talentierte Anfänger durch Ankäufe zu fördern. Man muss ja nicht gleich alles an die Wand hängen.
Anekdote am Rande: Als ich noch ein Erzengel war, besuchte ich gerne kleine Galerien, die auf Erst-Ausstellungen bislang Unbekannter spezialisiert waren, beispielsweise das versunkene Café Hartmann in der Schultergasse, Wien 1. Da vielen Anfängern und Amateur-Künstlern jedwede Selbstkritik fehlt, sah man dort viel letztklassige „Kunst". Aus heutiger Sicht hätte ich die Schlechtesten entmutigen sollen, um ihnen ein künftiges Leben voller Enttäuschungen zu ersparen. Aus dummer Weichherzigkeit kaufte ich aber, noch dazu das jeweils allerschlechteste Werk, das sicher keinen anderen Käufer finden würde. Dieser Schrott ergab eine kuriose Sammlung des Schreckens. Ich legte die Bilder zuhause in eines dieser riesigen X-Gestelle. Wenn ich, was oft der Fall war, einen unsympathischen Menschen traf, der trotz offen-

sichtlicher Unkenntnis obergescheit über Kunst sprach, enthüllte ich ihm die Schreckensbilder als meinen „besonderen Schatz“. Ich wurde nie enttäuscht. Man lobte mein Talent für Entdeckungen.

KÜNSTLER UND WELTMANN

Kann ein Künstler ein MVW sein?

»Künstler ist nur einer, der aus der Lösung ein Rätsel machen kann.«
Karl Kraus (1874–1936)

Jeder Künstler von lokaler Bedeutung oder gar Weltrang wird diese Frage spontan bejahen. Es entspricht dem Profil seines Selbstbewusstseins, grundsätzlich jede höhere Rolle spielen zu können – sofern er dies wollte.

Tatsächlich aber sind Künstler selten Weltmänner. Das mag im ersten Moment wie eine Beleidigung klingen, ist aber keine. Da ich den berufenen Künstler ohnehin als das Höchste ansehe, kann es egal sein, ob er in eine Sub-Kategorie passt oder nicht.

Tatsächlich steht vieles, das zum Wesen des Künstlers gehört, der Rolle als MVW im Weg. Es gibt Ausnahmen, die aber nicht ins Gewicht fallen.

Die Kunst verlangt ein verzehrendes Feuer, eine krasse Nach-Innen-Wendung und damit Selbstbezogenheit, die mit zwei unabdingbaren Kriterien eines MVW im Widerstreit steht. Erstens einer unerschütterlichen Gelassenheit und Contenance (siehe letztes Kapitel dieses Buchs). Zweitens der Bereitschaft, andere Menschen notfalls höher einzustufen als sich selbst – und sich an ihrer Exzellenz zu erfreuen.

Es wäre unfair, dies von Künstlern zu erwarten. Die Kunstliteratur lehrt uns, dass Gleichmut und liebevolle Wahrneh-

mung der Konkurrenten nicht zu Stärken einer Künstlerexistenz zählen.
Der Authentizität zuliebe erzähle ich aus dem eigenen Leben. Da mich der Beruf mit Unternehmern und Politikern verbindet, verkehre ich in der Freizeit ausschließlich mit Malern, Bildhauern, Schriftstellern, Schauspielern, Musikern und Fotografen, die ich allesamt herzlich mag, oft bewundere und manchmal beneide. Als boshafter Freund stelle ich ihnen Fallen. Besonders gern lobe ich mit unschuldiger Miene aktuelle Werke ihrer Konkurrenten.
Immer wieder entzückt das Wetterleuchten ihrer Antlitze. Und das gleichbleibende Grundmuster ihrer Antwort: „Oh, findest du? Ja, du hast sicher recht, ganz gut gelungen – für seine Verhältnisse. Man wünschte sich nur, der Arme fände bald einen Zugang zur Farbe (zur Sprache, zur Mimik, zum Licht etc.), so viel Zeit hat er ja leider nicht mehr. Wie alt ist er jetzt eigentlich? Ganz erstaunlich, wie tapfer er sich hält. Was ist eigentlich aus dem Vorwurf geworden, er hätte seine Schwester geschwängert und blunzenfett (für hochdeutsche Leser: volltrunken) einen Pfarrer auf dem Zebrastreifen mit seinem hässlichen Opel überrollt?"
Das hat mir viele frohe Stunden geschenkt. Man will es auch gar nicht anders haben. Irgendwie war es unerquicklich, wenn Joseph Beuys uns alle so großzügig zu Künstlern erhob. Und was ist mit Markus Lüpertz? Ist er so, wie er sich gibt, wirklich authentisch?
Sowohl im persönlichen Gespräch (Museum für Moderne Kunst, Wien) wie in TV-Interviews wirkt er wie das ideale Abziehbild eines MVW: sehr gelassen, sehr freundlich, sehr interessiert am Gegenüber, erstklassige Sprechsprache, sehr gepflegt, höchste Qualität der Hülle, tolle Schuhe, bestes Tuch, eine Hochbildung, die er maßvoll durchschimmern

lässt, und eine beträchtliche Selbstironie, die Platz lässt für Konkurrentenlob.
Ist sein Auftritt ein weiteres Kunstwerk im Rahmen seiner hoch gehandelten Kunstwerke? Oder ist er real und wirklich und LIVE und echt? In Kenntnis seiner Aura tippe ich auf Zweiteres. Womit er ein wunderbares Beispiel für die Ausnahme wäre, nicht für die Regel. Spontan fiele mir noch der Literat Mario Vargas Llosa ein. Auch er rundum ein Gentleman. Berührend und eindrucksvoll, wie begeistert er als Peruaner über seine europäischen Kollegen spricht, die toten und lebendigen. Doch ist hier Zögern angebracht. Frage ihn nach dem einzigen Konkurrenten, der ihm wirklich wichtig ist, dem Kolumbianer Gabriel García Márquez, und sein Antlitz wird wetterleuchten. Die beiden waren schon in Faustkämpfe verstrickt.

DAS IDEALE KUNSTSPIEL

Besser als Schach, Tetris und World of Warcraft

»Beim Spiel kann man einen Menschen in einer Stunde besser kennen lernen als im Gespräch im ganzen Jahr.«
Platon (428/27–348/47 v. Chr.)

In diesem Kapitel wird dem MVW ein Spiel empfohlen, das besonders für den großen Urlaub geeignet ist. Im Sommer ergreift uns was Philosophisches. Fast alle großen Denker gingen in der Sonne spazieren und grübelten. Alexander eroberte die Welt, weil ihm Aristoteles das peripatetische Denken beibrachte.

Ich fahre zu diesem Zweck immer zu meinem Freund Ernst Hilger auf die Insel Krk. Ich bringe ihm zwölf Flaschen vom Wachauer Riesling mit, weil der kroatische Wein so fremdelt. Wir nehmen vier dieser Flaschen, ein jeder eine Flasche pro Hand, und gehen damit spazieren, mit dem linken Fuß auf den heißen Kieselsteinen, mit dem rechten im kalten Meer, um im Durchschnitt ein lauwarmes Gefühl zu kriegen, das fürs Denken gerade richtig ist. Wir machen dann auf wichtig und fragen „Wo komm ich her?“ und „Wo geh ich hin?“

Gleich fühlen wir uns weißbärtig und hellenistisch und trinken ein bissl was, aber das geht nur fünf Minuten so, weil die Antwort, die wir auf die großen Fragen finden, Jahr für Jahr die gleiche ist: „Keine Ahnung.“ Das wirft uns zurück, aber nicht sehr. Es deprimiert nicht wirklich. In der Sonne fehlt einfach die Kraft, melancholisch zu werden oder gar ins Wasser zu gehen.

Im Sommer muss man aber denken, wenn schon nicht philosophieren, weil man das restliche Jahr hindurch vor lauter Stress zu nix kommt. Daher denken Ernst und ich weiter, aber auf sicherem Terrain. Wir grasen die saftigen Wiesen der Kunstliteratur ab. Darin sind wir echt gut, ich allerdings ein wenig besser, weil Ernst wirklich was von Kunst versteht und daher nicht so viele Sätze und Anekdoten kennen muss wie ich. Das heißt aber nicht, dass er nicht manchmal bei unserem Lieblingsspiel siegt. Das Spiel heißt: „Kunst-Zitate an den Kopf werfen." Wer gewinnt, darf aus den zwei Flaschen des anderen trinken.

An einem der seltenen Tage, da Hilger in Höchstform war (nur mittelmäßige Menschen sind *ständig* in Höchstform, das kann jeder Statistiker beweisen), trank er vier Flaschen, während ich dehydrierte.

Weil der Geist an diesem Tag so ungleich verteilt war, hätten wir beinahe gestritten. Herr Ernst beharrte darauf, dass sein Tucholsky-Wort „Kunst ist Überschuss" definitiv weniger schwachsinnig sei als mein Oscar-Wilde-Spruch „Kunst ist wundervoll unfruchtbar". Ich gab ihm recht, wandte aber ein, dass er beim Reden schon lalle, während ich noch mit der Präzision des Dehydrierten krächze.

Den Wettstreit „Kunstzitatwerfen" kann man prinzipiell mit allen Mitbürgern üben, nur Blondinen auf der Suche nach einem hohen arbeitslosen Einkommen sollte man besser meiden („Kunst mi ned heiraten?"). Lehrreich ist das Spiel vor allem, wenn man echte Auskenner als Gegner hat, neben dem Hilger Ernst etwa die Museums-Chefs Peter Noever, Klaus Albrecht Schröder oder die Agnes Husslein, die immer gewinnt, weshalb ich sie grantig nur noch „Nessi-Tant" nenne. Weil das dauernde Verlieren auch dem Friedlichsten kein Vergnügen ist, wähle ich nun lieber Freunde, die auf leichtfertigere Art der Kunst angehören, also simple Ausübende, also Künstler.

Da zeigt sich zum größten Entzücken, dass die Zitat-Wahl stark von individuellen Leidenschaften abhängt. Tobias Moretti beispielsweise, der lieber ein hoher Bergbauernfunktionär als ein Film-Preisträger wäre, schätzt Kunst als „luftigen Tanz auf den brennenden Gipfeln der Leidenschaft", eine Formulierung von Filippo Tommaso Marinetti, der wichtige Beiträge zum italienischen Futurismus schrieb. Heinz Marecek, einer noblen, versunkenen Briten-Lässigkeit verpflichtet, mag Francis Bacons Imperativ: *You have to separate shit from dirt.* Wolfgang Böck, einerseits der beste *Tatort*-Kommissar *ever*, andererseits ein heimlich-ätherischer Lyriker, schwankt zwischen „Die Kunst ist nichts für Feiglinge" (HAP Grieshaber) und „Kunst ist Eroberung der Gefühle" (André Breton). Thaddäus Podgorski, in seiner Liebe zum Stift Admont dem Klerikalen nicht gänzlich entwöhnt, schätzt Max Bills „Kunst ist Klarheit, nicht mystisches Mönchslatein". Willi Resetarits, für fünf Minuten pro Tag noch immer ein Linksradikaler, sagte gern „Bei uns ist die echte Kunst revolutionär, weil sie nur im Gegensatz zur gültigen Allgemeinheit existiert", ehe er dahinterkam, dass der Satz von Richard Wagner stammt, mit dem er nicht viel am Hut hat. Seither wählt er lieber „Kunst ist Revolte" (Jean Tinguely) oder „Kunst ist Aufruhr" von Pablo Picasso. Picassos Feinde, darunter alle Emanzen, schmücken mein Sommerspiel gern mit einem Satz von Maurice de Vlaminck: „Die Kunst ist individualistisch wie die Liebe, oder sie ist Schule, Kubismus, Bordell."

Mein bisheriger Lieblingssatz stammt von Ben Votier, Frankreich 1934: „Kunst ist eine Frage des Datums und der

Signatur." Da er ein Seitenhieb auf die Macht der Moden und Kunsthändler ist, wird er von First-Class-Galeristen wie Ernst Hilger nicht so geschätzt.
Apropos Hilger: eine frische Erinnerung. Wieder einmal die Insel Krk. Wir kehren von einem langen Spaziergang heim, mit leeren Händen. Eine Eingebung stoppt meinen Lauf: „Ernsti-Schatzi", sage ich, „ich habe nun den Satz gefunden, der alles einschließt und alles sagt, nämlich: Wenn wir *Kunst* von hinten her als *Tsnuk* lesen, ändert sich gar nichts." Er nickt ergriffen.
Solche Erleuchtungen adeln. Sie stehen dem MVW gut zu Gesicht.

8.

WELTMANN und WEIN

»Der Wein wandelt den Maulwurf zum Adler.«

Charles Baudelaire
(1821–1867)

VINUM ET VERITAS

Das Grundnahrungsmittel des Geistes

*»Das Leben ist zu kurz,
um schlechten Wein zu trinken.«*
J. W. Goethe (1749–1832)

*»Das Leben ist zu kurz,
um nicht die besten Weine zu trinken.«*
H. A. Gansterer

Man kann sehr lang ohne Essen, aber nur kurz ohne Trinken leben. Daher ist flüssig wichtiger als fest. Unter den Flüssignahrungen ist Wasser die Nr. 1. Die Nr. 2 für den MVW, die wir aus festlichen Gründen aus den Reihen der Alkoholika suchen, ist auch leicht zu finden. Bier, obgleich erstklassig und hochwillkommen, war nie so MVW-affin wie Brände und Wein, bei denen es zu einer dramatischen Generations-Verschiebung kam.

Der alte MVW, wie wir ihn aus den Literaturen von Graham Greene und Somerset Maugham kennen, war ein Mann der *hard liquors*. Die Salonlöwen der Ozeandampfer und die englischen Verwalter indischer Gummiplantagen hielten sich an Cognac oder Whisky fest. Letztere überlebten das nur, wenn sie den Spruch achteten: *Don't touch the stuff until the sun goes down*.

Der neue MVW liebt den Wein, das elegante, in Vielfalt, Subtilität und Geheimnis unerreichte Leichtgetränk. Wein wurde zum unverzichtbaren Teil der Hochkultur. Er schliff schon viereckige Geschäftsleute zu geschmeidigen Ganzheitlern, die neben Soll & Haben nun auch andere, größere Themen kennen. Kein Gesprächsstoff ist so spannend wie die tausendfachen Aspekte des Weines. Über *Return on Investment* kann man eine Stunde lang sprechen, über die köstlichste Rebe der besten Riede und den idealen Weinkeller aber ein Leben lang. *Die Freude höret nimmer auf*, schrieb Novalis, der wie viele kluge, romantisch bewegte Männer von Welt ein Freund der vergorenen Trauben war.

Die drei folgenden Kapitel bieten drei Wein-Aspekte mit direkter Verbindung zum Thema MVW.

DER WINZER ALS UR-MVW

Gefährten des Geistes

»Es ist nur die Leistung, die bestimmt, wer zur Elite zählt.«
Ludwig Marcuse (1894–1971), Philosoph, Schriftsteller

Auch Winzer kennen Eifersucht und Zwist. Sie nennen manche Kollegen und Konkurrenten gern Dünnbrettbohrer, Aufhauer, Schmutzfinken, Pantscher oder einfach Unsympathler. Sie werden vielleicht gar nicht gern hören, dass ich nach 30 Jahren Wirtschaftsjournalismus in fünf Kontinenten einen einzigen Berufsstand über alle anderen stelle: eben ihren, den der Weinbauern vulgo Winzer. Und zwar umfassend und ausnahmslos.

Wohl kenne ich durch ein günstiges Geschick hauptsächlich die Elite der Winzer. Doch auch die einfachsten, zuweilen merkwürdigen Vertreter dieses Standes fand ich behaucht von zwei Vorzügen, die ihnen selbst kaum gewahr sind.

Erstens: In ihnen versammeln sich automatisch fast alle Wissenschaften, die Biologie, die Agrikultur, die Physik, die Chemie, die Zoologie, der Maschinenbau, die Nationalökonomie und Betriebswirtschaft. Selbst Theologie, Philosophie und Meteorologie fehlen nicht, wenn es um den richtigen Zeitpunkt der Lese geht, was unverändert einen guten Draht zum lieben Gott braucht.

Das runde Wissen macht eine runde Persönlichkeit, zusätzlich

poliert durch einen Wechsel von Outdoor-Arbeit und Indoor-Arbeit, draußen vereinigt mit der Natur, drinnen vereinigt mit dem Menschenwerk der Technik.
Das Ganzheitliche macht jeden Winzer zu einem Weltmann des Geistes. Die jungen Winzer – mit Billigung und Unterstützung ihrer Väter – durften als global Lernende noch den „Weltreisenden" dazulernen. Sie kennen sich in Südafrika, Kalifornien, Chile und im europäischen Ausland so gut aus wie in der Wachau, im Weinviertel, am Eisenberg, in der Südsteiermark oder an Mosel und Rhein. Sie haben zuletzt als verblüffende Avantgarde auch die moderne Architektur entdeckt, die sie mit Traditionssinn verzahnen. Kein Berufsstand ist so nah der Vollendung.
Großartig, dass aus einem der einst niedrigsten Stände, den Bauern, die Idee eines neuen MVW so schön erstand, ganz ohne Brimborium, ohne schwachsinnig-städtisches High-Society-Getue mit starkem Profil und vitalem Charakter.
Tipp am Rande: Die Winzer sind mit Geld allein nicht zu erobern. Sie sind zwar freundlich zu allen. Ab fünf Zwölfer-Kisten kriegt jeder Trottel ein Lächeln. Ihre Zuneigung aber schenken sie nur jenen, die sich so wie sie dem Fleiß verpflichtet fühlen und einer Weiterentwicklung des Wissens bei gleichzeitiger Mühe, so bescheiden zu bleiben, wie es halt geht. Dass dies nicht immer leicht ist, wissen sie heute selber.

Medizin

DER LANGE ABGANG

Warnung: Wein verlängert Ihr Leben

»Es wird ein Wein sein, und wir werden immer sein.«
Hochdeutscher Neu-Titel eines Wienerlieds

Dieses Kapitel, eine der tanninreichsten Abhandlungen der jüngeren Literatur, hat ein berauschendes Ziel. Sie soll ermutigen, auf angenehme Weise das Leben zu verlängern.

Kernsatz 1: Es ist wahnsinnig gefährlich, keinen Wein zu trinken.

Kernsatz 2: Medizinische Schluckopfer sind dem Mann von Welt zumutbar.

Gesundheit ist auch eine Funktion der Bildung. Man erkennt dies an Historikern wie Wilhelm, Wolfgang und Hans Mommsen, Golo Mann, Fernand Braudel, Eric Hobsbawm, Erich Gombrich und Hugh Thomas. Sie waren allesamt brave Weintrinker. Nicht nur, weil es schmeckte. Sie wussten auch beruflich, was sie am Wein hatten. Sie waren *drinkers by knowledge*. Aus der Antike und dem Mittelalter hatte sie die wissenschaftliche Botschaft von der Wunderwirkung des Weins erreicht. Die Hellenen und Römer priesen neben dem direkten lebensverlängernden Schub des Weines (man vermutete Desinfektion und perfekte Verdauung) die indirekte psychosomatische Komponente. Wein mache fröhlich – oder erhöhe wenigstens die Qualität der Melancholie.

Dieses Wissen versickerte erst in der Neuzeit, die durch Bildungslücken und Lustfeindlichkeit unangenehm auffällt. Sie wird terrorisiert durch hysterische Missionare, lebensferne Ärzte, auffallend hässliche Körndlfresser und eine lautstarke Minderheit frustrierter Damen mit bedauerlicher Schluckhemmung. Als vor Jahren ein damals prominenter Wiener Sport-Arzt im Fernsehen wagte, eine Flasche Wein pro Tag als keinesfalls gefährlich, vielleicht gar gesund zu werten, hatte er die Hölle auf Erden.
So versickerte auch eine Frohbotschaft aus der kostbaren Region Bordeaux. Dort sei der traurigste Scherz des Schöpfers, dass nämlich Frauen gut zehn Jahre länger halten als Männer, korrigiert. Dort haben die Männer in der Lebenserwartung aufgeschlossen, durchaus zur Freude der guten Frauen. Jeder weiß, wofür Bordeaux berühmt ist.
Zugegeben: Die Geschichtsschreibung könnte irren. Und das Bordeaux-Wunder könnte von der Weinindustrie und dem Tourismusverband des Bordelais lanciert sein. Beides ist nicht der Fall. Objektive Wissenschafter bestätigen: Wein ist generell gut, Rotwein ein Wunder.
Südafrikas Star-Chirurg Christian Bernard: „Wein ist gut fürs Herz." Er liebte seine weißen Heimatweine rund um Stellenbosch und den burgenländischen „Blaufränkisch Barrique". Sowohl den WHO-Untersuchungen als auch dem *Österreichischen Ernährungsbericht 1998* ist zu entnehmen: Gesundheit korreliere mit reichlicher Verwendung von Gemüse, Obst, Fisch und Rotwein – daher auch die guten Werte der mediterranen und japanischen Küche.
Wissenschaftlich klingen die Erklärungen für Amateure eher fad, ungefähr so: Farbstoffe schützen gesunde Zellen, sind krebshemmend, entzündungshemmend. Die im Rotwein vorhandenen Flavonoide kennen die besonders wirksame

Gruppe der Anthocyane. Bitterstoffe, Duft-und Aromastoffe senken den Cholesterinspiegel, schützen vor Erregern, sind krebs-und entzündungshemmend. Zum vielleicht größten Problem der höheren Managerjahrgänge heißt es im *Ernährungsbericht*: „Die Flavonoide im Farbstoff des Rotweins und die Tannine aus den Eichenfässern schützen vor Gefäßverkalkung."

Besonders weit ging Curtis Ellison, Arzt und Universitätsprofessor: „Alkohol-Abstinenz sollte in den Katalog der bekannten Risikofaktoren für Herzinfarkt und Schlaganfall aufgenommen werden."

Auch der berühmte *Wine Spectator* – weniger überraschend – sammelte eifrig die Lawinen günstiger Wissenschafterurteile über Wein. Auszug: „Wir stehen unter anderem vor dem französischen Paradoxon. Niemand konnte sich erklären, warum gerade die Franzosen, die Risikofaktoren wie Rauchen oder fettes Essen geradezu sammeln, eine Lebenserwartung über dem europäischem Durchschnitt haben. Bei den Griechen konnte man das noch aufs Olivenöl zurückführen. Aber die Franzosen sparen auch mit Butter, Käse und anderen tierischen Fetten nicht. Die einzige Antwort ist der hohe Weinkonsum."

Das französische Gesundheits-Institut INSERM bestätigte nicht nur die positive Wirkung des Weins als Fänger von „Radikalen" (aggressive Molekülbruchstücke), sondern auch als Artillerie gegen Alzheimer. Womit aber nicht jene französischen Sonderfälle gemeint sein dürften, die fünf Liter pro Tag trinken und an Alzheimer erinnern, ehe sie daran leiden.

Wie geht ein Frischling vor, der bis jetzt tief verängstigt den Wein floh und in der Vielfalt dieser Medizin verloren ist? In jedem hoch entwickelten Industrieland entwickelte sich auch ein prächtiger Wein-Journalismus. Als Österreicher orientiere ich mich u. a. an *A la Carte, Gault-Millau, Vinaria, Falstaff*, an den Empfehlungen von Evelyne Eselböck im *profil*, von Florian Holzer im *trend*, von Heinz Grötschnig in der *Kleinen Zeitung*. An den Lippen meines Freundes Christoph Wagner hänge ich sowieso. Ich liebe auch Vinotheken und die sachkundigen Sommeliers der besten Wasserlöcher (für Nicht-Afrikaner: Bars) und Hauben- & Sterne-Restaurants.

Am liebsten freilich besuche ich die Winzer selbst. Nicht, weil es „ab Hof" gar so viel billiger wäre (inklusive Reisekosten und Zeitbedarf ist dies eher ein Verlustgeschäft), sondern aus zwei anderen Gründen. Erstens, weil die Weinbauern so klass sind (siehe Vorkapitel). Zweitens, weil der Wein eine vierte Dimension erhält, wenn du den Erzeuger persönlich kennst. Seit ich bei der legendären Weinverkostung der *Kleinen Zeitung* (Steirereck am Pogusch) als Juror geladen bin, kenne ich fast alle großen Winzer Österreichs. So wurde diese steirisch-kärntnerische Zeitung für mich auch medizinisch wertvoll.

Prost, Cheers, Salud und *Salute* jedem Mann von Welt. Mögen unsere Jahre jenseits der Hundert erfrischend sein.

WEINPFARRER UND KRITIKERKÖNIG

Zwei Originale als MVW

»Kritiker sind blutrünstige Leute, die es nicht bis zum Henker gebracht haben.«
George Bernard Shaw (1856–1950)

Der eine heißt Hans Denk, der andere Wolfram Siebeck. Der Mittelname des einen: „Weinpfarrer." Der Mittelname des anderen: „König der Kritiker des deutschen Sprachraums."

Herr Denk ist der beliebteste Hirte Niederösterreichs, mit der größten Zustimmungsrate seiner Schafe, zu denen ich zähle. Zugleich der Priester mit höchstem Weinverstand, gesegnet mit perfekter Geschmacks-Erinnerung. Wirkungsort: von der mächtig-schönen Wehrkirche Albrechtsberg ausstrahlend über Wachau, Kamptal und Kremstal hinein in die TV- & Radio-Stationen von Wien, grandios assistiert von seiner Managerin Vera, einer glänzenden Journalistin.

Herr Siebeck ist der namhafteste Ess-&-Trink-Kritiker des deutschen Sprachraums, mit großzügiger Amplitude, pendelnd zwischen Enthusiasmus und Grausamkeit. Wirkungsort: vom Magazin *Die Zeit* ausstrahlend in viele Medien und hinein in die eigenen Bücher, die durchwegs Bestseller sind. Ihn lernte ich durch den MVW und Schriftsteller Herbert Völker kennen, als Siebeck seine Liebe zur Wiener Küche entdeckte, begleitet von seiner Frau Barbara, die ich vor ihrem

Mann verehrte, als intellektuelles Cover-Girl des legendären Magazins *Twen* unter Art-Direktor Willy Fleckhaus.
Von Denk lernte ich den Reparaturwein, von Siebeck den Schüttwein.
Fangen wir mit dem Zweiten, dem Siebeck'schen *Schüttwein*, an. Er bietet eine MVW-Lehre: Der wahre Mann von Welt kennt das edle Recht auf Verzicht. Die Siebecks könnten Tag und Nacht das Weltbeste trinken. Ihr Keller ist für drei Leben voll. Und doch suchen sie eine weise Balance. Erstens fasten sie zwischendurch, blieben schlank und schön. Zweitens trinken sie für den großen Durst guten Landwein, den von ihnen so genannten Schüttwein. So halten sie ihren Gaumen auf der Null-Linie, von der sie die größten Weine immer wieder neu vermessen können. Ein wunderbarer Tipp für den aufstrebenden MVW, der glaubt, nur noch das Beste trinken zu dürfen.
Hochwürden Denk verdanke ich den Reparaturwein. Ein Geheimtipp, falls man den Weingenuss übertrieb. Ein junger, eher rescher Veltliner holt dich wieder zurück. Du darfst mit dem Würfeln bzw. Bechern noch einmal von vorn beginnen. Vorausgesetzt, du kennst deine Grenzen. Toni Mörwald, der als Ausnahme-Gastronom (Zentrale: Feuersbrunn) auch das Weltklasse-Grafenegg-Musikfestival betreut, machte mit, als ich den Tipp testete. Es war fünf Uhr morgens, als mein Beichtvater und ich zur fünften Reparatur das Glas erhoben. Gastgeber Toni, der nur das halbe Kampfgewicht von Hans und mir aufweist, fiel ohne Abwehrbewegung in sein kostbares Salon-Beuschl. Hochwürden und ich waren uns einig: einer der schönsten Momente eines wissensdurstigen Lebens, freilich streng rufend nach Reue und Buße.

9.

WELTMANN
und
ENERGIE

»Tugend ist zur Energie gewordene Vernunft.«

Friedrich Schlegel
(1772–1829)

DIE KRAFT FÜR DIE HERRLICHKEIT

Regenerations-Tipps für den umsichtigen Weltmann

»Mut braucht Genie, Zauber und Kraft.«
J. W. v. Goethe (1749–1832)

Wir dürfen uns keine Schwachheiten einbilden: Der Status eines MVW kommt nicht geschenkt. Er kostet logischerweise mehr Geld. Damit rechnet jeder. Er kostet aber auch Kraft. Damit rechnen die wenigsten. MVW wird man nicht einfach kraft eines Beschlusses. Vielfältige Exzellenz zu erreichen und dann zu bewahren, ist mit Mühen verbunden. Damit auch mit dem Risiko, zu ermüden.

MVW, die dies unterschätzten, zeigten bald spezielle MVW-Burn-out-Syndrome. Einzelne gaben das anstrengende Leben eines MVW erschöpft auf und verfielen glücklich ins Gegenteil. Sie wurden bald danach als lächelnde Penner aufgegriffen, der heiteren Wehmut und dem Wermut verfallen.

Um dieses Risiko zu nullifizieren, braucht es eine umsichtige Lebensweise, gewisse Kontrollen und frühzeitige, regelmäßige Regeneration.

Meine Regenerations-Tipps in den folgenden Kapiteln zeigen eine gewisse Widersprüchlichkeit. Obgleich wir den neuen Mann von Welt im Prinzip als grundgütig, herzensgebildet und menschenlieb definieren, darf er in Fragen der Erholung keine Selbstlosigkeit einreißen lassen.

Um es mit gebotener Deutlichkeit zu sagen: Die kluge Regeneration des MVW ist mit reiner Menschenliebe unvereinbar. Wir müssen sogar im Interesse des Ziels auf Unmenschlichkeit beharren. Insbesondere eine grausame Neubewertung des engsten menschlichen und tierischen Umkreises (Familie, Freunde, Haustiere) führt zu einer Bewahrung der alten Kräfte und fortan zu einem Zufluss neuer Energien.

Da muss der MVW durch, so leid es den anderen auch tun mag.

BESUCHE UND BESUCHER

Eine radikale Reform

»Wenn sich Gäste wie zu Hause fühlen,
benehmen sie sich leider auch so.«
Danny Kaye (1913–1987)

Ehe wir uns im nächsten Kapitel der schwierigen Aufgabe zuwenden, den engsten Menschenkreis um uns neu zu bewerten, mag eine leichtere Aufgabe als Fingerübung sinnvoll sein.

These: Jeder MVW vergeudet viel Zeit und Kraft mit Besuchen und Besuchern. Dagegen gibt es zwei wirksame Therapien.

Therapie 1: Streichen Sie Ihre eigenen Besuche, ausnahmslos. Wehren Sie vor allem Einladungen in Privathäuser ab. Sie sind Gift fürs Leben. Sie haben tausend Nachteile und keinen einzigen Vorteil. Sie sind (a) ein weiterer Termin im vollen Kalender und kosten (b) immer Blumen und kleine Geschenke, was durch den Stehsatz der Besuchten („Das wäre doch nicht notwendig gewesen") zusätzlich ergrimmt. Das Schlimmste sind aber (c) die Hausfrauen, die ihr Heim zeigen müssen, um ihren Geschmack und ihre Reinlichkeit zu beweisen. Du musst den Keller und den Dachboden besichtigen, dazwischen grauenvolle mexikanische Totenmasken an den Wänden („Ah, viel gereist, gnädige Frau?"). Selbst das Schlafzimmer wird nicht ausgelassen, wo du in peinlicher Verlegenheit die Sprungkraft der Matratze prüfst

(„Ah, gar nicht schlecht.") Absolut unerträglich. Bei diesen Besuchen rinnt dir das Leben zwischen den Fingern davon, zumal beim Essen auch noch die selbstgemachte Linzer Torte gelobt werden muss, die wegen ihres merkwürdigen Rezeptes bekanntermaßen auch im Demel zu den Ohren hinausstaubt.

Der MVW im Anfangsstadium hat Angst, mit einer Einladungs-Ablehnung unhöflich zu sein. Genauso gut könnte man sagen, es sei unhöflich, einem Räuber dorthin zu treten, wo's ihm weh tut. Sollten Sie aber wirklich ein schlechtes Gewissen haben, schenke ich Ihnen meine erstklassige Ausrede: „Ich habe dem Friedrich Torberg versprechen müssen, den wichtigsten Satz seines Buchs *Tante Jolesch* ewig zu ehren: MAN GEHT NICHT IN DIE HÄUSER. Ich pflege meine Freundes-Gelübde zu halten." Falls Sie für den Torberg zu jung sind, schieben Sie Ihren Deutschlehrer vor.

Was ist mit Einladungen in Wirtshäuser? Diese sind angenehmer, aber auch nur in zwei Fällen akzeptabel: wenn das Wirtshaus wirklich spitze oder zumindest originell ist, und die Wirtshausrunde kluge Menschen verspricht, von denen du Neues lernen kannst. Kluge erzählen auch keine Witze, sondern sind selber heiter.

Was ist, wenn sich jemand selbst einlädt, in Ihre Wohnung, Ihr Haus, Ihr Schloss? Dann sollten Sie Ihren Umgang überdenken. Wenn wirklich einmal eine Art Dankes-Einladung fällig wird, gilt spiegelbildlich das vorhin Gesagte. Ab ins Restaurant mit den Gästen. Diese könnten ja so denken wie ich – oder dieses Buch vor Ihnen gelesen haben.

WENIGER NÄCHSTE

Zu viel Familie und zu viele Freunde hält der stärkste MVW nicht aus.

»Wenn ich es recht verstehe, ist in jedem ‚Liebet Eure Feinde' auch ein ‚Hasset Eure Freunde' enthalten.«
Edgar Allan Poe (1809–1849)

Familien sind immer eine Gefahr für die philosophisch-heitere Entfaltung des MVW. Aber wo liegt das Problem? Von bösen Gattinnen kann man sich scheiden lassen. Für missratene Kinder gibt es erstklassige grausame Internate. Nur die Haustiere verlangen Umsicht. Wenn du draufkommst, dass dein Jung-Leopard fürs Stadtpalais in *Downtown Vienna* doch nicht ideal ist, schenk ihn am besten dem Michael Aufhauser fürs TV-berühmte Gut Aiderbichl. Mir hat er meinen Leo abgenommen, der darüber glücklich war, weil er dort arglos grasende Rehe reißen konnte.
Die eigentliche Herausforderung sind die Freunde. Erstens sind sie zu viele. Und zweitens bleiben sie nicht, wie sie waren. Viele meiner Freunde, die bisher in guten wie in schlechten Zeiten angenehm waren, änderten sich über Nacht. Plötzlich kennen sie nur noch zwei Zustände: Panik und Koma. Speziell jene, die den Fünfziger überschritten haben, oszillieren zwischen beiden Extremen. Das scheint auch ein Zeit-Phänomen zu sein. Mein Vater und seine Freunde sind gelassener unterwegs. Sie gehen geradlinig

ihren alten Weg, als wäre ihr Pflug an einen Stern gebunden. Meine Freunde aber wirft es hin und her. Wobei ich nicht weiß, was mich mehr nervt, das Hin oder das Her. Sind es die Versuche des inneren und äußerlichen Neuaufbaus? Das Bemühen, die Jahresringe auszuradieren? Oder ihre Versuche, bessere Weiber als die Weiber zu sein? Oder alles miteinander? Das eine geht ins andere über. Es ist ein verflochtenes System, ein Zopf aus Elend und Grauen.

Der Verfall kommt in drei Stadien.

Das erste Stadium umfasst relativ harmlose Symptome, die ich, als Christ zu *Liebe* und *Verzeihung* verpflichtet, gerade noch toleriere. Obgleich auch sie mich erbittern. In jüngeren Jahren trugen meine Freunde elegante Anzüge bequemen Schnitts à la Armani, in denen man für Überraschungen aller Art gewappnet war, für spontane Theaterbesuche oder Beisetzungen, was oft nahe beisammen lag. An den Füßen trugen sie handgemachte Hammerln von Church oder maßgeschneiderte von Scheer, nicht jene hellen Textil-Lappen, auf denen Nike, Fila und Puma steht. Die aber insofern Sinn haben, als alle Freunde jetzt laufen und freiwillig Treppen steigen. Es gibt keinen mehr, der Lift fährt. Die Aufzüge der Wiener City sind nur noch für mich da. Ich fühle mich darin wie Tazio Nuvolari in einem Ferrari-Monoposto, umzingelt von wieselnden Mechanikern.

Kürzlich nahm ich schon den zweiten goldenen Schluck in der hoch gelegenen Bar des Haas-Hauses, als die Freunde endlich schweißüberströmt nachkamen. Auf die Frage des Keepers nach ihrem Wunsch krächzten sie kurzatmig und übergaben sich wortlos. Sie hatten sich überanstrengt, die Armen.

„Kennen Sie die Herrschaften?“, wurde ich gefragt.

„Wo denken Sie hin!“, sagte ich und ging zu Tisch.

Dort erinnerte ich mich mit Vergnügen an einen Satz meines klugen Freundes Herbert Krejci: „Es gibt nichts Peinlicheres als einen erfolgreichen Fünfziger, der in der Öffentlichkeit mit hochrotem Kopf läuft." Oder sich übergibt. Absolut inkompatibel mit dem Begriff MVW.

Stadium zwei ist ernster. Es dürfte sich dabei um eine schlichte Reaktion handeln: *Wenn die Frauen bemüht sind, wie Männer zu werden, schlagen wir zurück und werden wie Frauen.*

Sie klagen jetzt, was sie gestern nie getan hätten, über ihre Figur. Sie reden über das Wetter und die wohl daraus erklärbaren Schläfenschmerzen. Sie empfehlen mir *ihren* Astrologen und *ihren* Psychiater. Sie berichten nicht unfroh von einem plötzlichen Nachziehen des linken Fußes, als seien Wehwehchen die wesentliche Chance, sich von anderen Menschen zu unterscheiden. Auch damit bin ich noch fertig geworden, irgendwie.

Das dritte Stadium und Endstadium gehört, oberflächlich gesehen, zum zweiten, ist aber eine eigene Schreckensrubrik: *Sie kochen jetzt alle.* Ich bin nun der Einzige, der von sich sagen darf: Ich habe nicht gekocht. Ich koche nicht. Ich werde nicht kochen.

Die Freunde haben die Anbetung des Herdes zur neuen Religion gemacht. Sie sind konsequent. Sie gehen tief. Sie sind schon ganz versunken. *Sie tauschen sogar Rezepte aus!* Für mich ist dies ein Ende. Ich habe jüngst drei Freunden die Scheidung eingereicht. Ich erbat, was früher normal und willkommen war, ihren Rat hinsichtlich der Reparatur des Vergasers einer Moto Guzzi Condor, Jahrgang 1939. Sie wiesen mich aus Zeitmangel ab. Sie brauchten die gemeinsamen Stunden zur Findung des *idealen Roastbeefs.* Ergebnis der Diskussion: sieben Stunden auf kleinster Flamme. Das hätte ich ihnen als MVW und Stammkunde von Simpson's (dem

Plachutta von London, links vom Savoy-Hotel, On the Strand, *highly recommended*) auch sagen können. Dazu muss man nicht Koch sein. Es genügt, gute Köchinnen zu kennen.

Dass sie sich mit dem Tausch Schraubenschlüssel-Kochlöffel von einem treuen Freund entfernten, ist schlimm genug. Elender noch, dass sie jetzt allen HaubenköchInnen dreinreden. Sie sagen ihnen, dass sie Kerbel in der Suppe erkannt haben, daheim aber, beim eigenen Schaumsüppchen, lieber darauf verzichten. Die Hauben-Stars, unglücklicherweise auf jeden Gast angewiesen, machen gute Miene zu diesem Bröselspiel. Tatsächlich müssen sie unter den Hobbyköchen leiden wie Niki Lauda, dem Geschäftspartner vom Fahrverhalten ihres Opel Manta erzählen oder von den Tücken ihres Modellflugzeugs.

Amateure peinigen Profis. Meine Freunde sind zu Peinigern geworden. Ich stehe dafür nicht mehr zur Verfügung. Ich brauche eine unverwundete Seele und all meine Kräfte.

HOHE SOMMER

Anleitung zu einer smarten, egoistischen Urlaubszeit

»Und die Sonne Homers, siehe,
sie lächelt auch uns.«
Friedrich Schiller (1759–1805)

Mark Twain schrieb: „Sommer ist die Zeit, in der es zu heiß ist, um das zu tun, wofür es im Winter zu kalt war." Weshalb der September voll Wehgeschrei ist. Da wird um die Wette geklagt, wie enttäuschend der Urlaub war. Man sei nun ausgebrannter als zuvor im Juni.
Lange Zeit hielt ich diese Klagen für bewährte Lügen. Sie sollten den Neid der anderen hintanhalten. Sie sollten Mitleid wecken. Und der Chef – sofern man einen hatte – sollte nicht auf die Idee kommen, gleich wieder das Maximum an Arbeit zu verlangen. Mittlerweile habe ich den Verdacht, die vermeintlichen Lügen seien die reine Wahrheit. Ich glaube jetzt, dass die meisten Gentlemen kein Talent haben, den Sommer richtig zu nützen. Ein anspruchsvoll lebender MVW braucht aber gute Sonnen-Monate zur Bewahrung seiner Energiebilanz. Gottlob kann man den guten Sommer lernen. Dazu einige feine, sonnenwarme Tipps:

Tipp 1

Die endgültige Trennung von inkompatiblen Lebensgefährtinnen. Man kann die Unpassenden im Alltag fliehen, nicht aber im Urlaub. Mehr gemeinsame Stunden heißen mehr Gift. Scheidungsanwälte lieben die heiligen Tage (*holy days* = holidays). Es gibt allerdings weise Paare, die sich zum größten Vorteil zeitweise trennen. Entweder stundenweise, sie glücklich liegend unter Schönheits-Gurkenscheibchen, er in der reißenden Gurk mit Kanu. Oder wochenweise wie jenes Freundes-Paar, wo sie die heiße Wüste, er die kühlen Wälder liebt, mit bestem Resultat.

Tipp 2

Erkennen Sie den fernöstlichen oder westlichen Typ in sich. Sensibilisiert durch einen Tibet-Aufenthalt, beobachte ich den Versuch seriöser Profis und schurkischer Gaukler, aus extrovertierten Managern introvertierte Grübler zu formen, die wie Siddharta an den Ufern von Ganges, March und Mur sitzen und sich ins Tao erlösen: „Alles ist Nichts, auch das Nichts ist Nichts."

Das kann gutgehen. Oft geht es schief. Westliche Frauen scheinen esoterisch nicht untalentiert, westliche Männer aber profitieren eher durch „Umspannung" als durch Entspannung. Besser, sie bleiben dabei, mit ihrem arbeitstypischen Ehrgeiz Neues zu versuchen, beispielsweise Wasser-Ski oder Bergsteigen an kabelgesicherten Routen (*Ferrate*).

Neben-Tipp: Es gibt eine Möglichkeit, rasch herauszufinden, ob man ein fernöstlicher Typ ist. *Sumi-e*, die japanische Tusche-Malerei, verlangt, den Mal-Gegenstand (beispielsweise einen Tannenzapfen) so lange unbewegt anzuschauen, bis er im Ur-Wesen erkannt ist und in einer einzigen flüssigen Pinselbewegung dargestellt werden kann. Wer diese fünf Minuten totaler Konzentration überlebt, ist fernöstlich. Wer nicht, ist dann tot.

Tipp 3

Lob des sportlichen Urlaubs. Ein MVW verachtet zwar den öffentlich dargestellten Alltagssport (City-Joggen, Treppenlaufen), nicht aber anonyme Bewegung im Urlaub.
Der Körper hilft dem Geist, und dem Körper ist geholfen, wenn er einmal pro Tag gefordert wird und schwitzt. Im Urlaub können Guthaben aufgebaut werden. Ausgenommen von dieser Regel sind krankhaft Magersüchtige mit gefährlich niedrigem Blutdruck. Die kommen in meinem Freundeskreis nicht vor. Schon gar nicht unter jenen, die jetzt selber kochen.

Tipp 4

Lob der aktuellen Lebens-Bilanzierung. Nur der Sommer gibt die Möglichkeit zum entspannten Selbst-Interview: Bin ich als Privatmensch und/oder Profi noch dort, wo ich sein will? Oder sollte ich im Sinne des weisen Dreisatzes *Love it – change it – or leave it* mein Leben korrigieren?

Tipp 5

Lob des Lesens und Surfens. Ein rein körperlicher Urlaub ist nichts. Er ist wie Kitzeln von totem Fleisch. Er ist dem Geistesmenschen und MVW fremd. Tägliches Lesen und Internet-Surfen ist auch an Sonnentagen toll. Vorausgesetzt, es vermeidet primitiven Zusammenhang mit dem Beruf. Gefragt ist zufälliges, chaotisches Neu-Wissen, das sich später auf merkwürdige Weise auch im Beruf verzinst.

Fazit

Die Zeit der Hitze dient umfassend dem Energiehaushalt. Auch dem seelischen. Alle heiteren Philosophien kamen aus der Sonne. Die Werke des Nordens – z. B. Ibsen, Sibelius, Munch – sind beliebt als Begleiter zum Freitod.

10.

WELTMANN und MEDIEN

»Das Medium ist die Botschaft.«

Marshall McLuhan
(1911–1980)

MEDIUM UND MEDIEN

Du bist, was du liest, und wirst, was du hörst und siehst.

»Es zeichnet einen gebildeten Geist aus, sich mit jenem Grad an Genauigkeit zufriedenzugeben, den die Natur der Dinge zulässt, und nicht dort Exaktheit zu suchen, wo nur Annäherung möglich ist.«
Aristoteles (384–322 v. Christus)

Eigentlich toll, wie genau Aristoteles vor 2370 Jahren die heutigen Medien beschrieb. Ich will aber nicht ablenken. Dieses Buchkapitel ist obszön. Ein Medienmann schreibt über Medien. Das kann nicht gutgehen. Ich bestätige diese Skepsis. Ich gehe noch einen Schritt weiter. Es ist ein Skandal gegen alle Gesetze der Befangenheit.
Dass ich trotzdem weiterschreibe, hat einen einfachen Grund. Ohne das Kapitel „Medien“ wäre dieses Buch wurzellos. Ein MVW ohne Medien-Konsum ist undenkbar. Er schwirrte haltlos durchs All wie ein leeres Kondom.
Ich weiß mir kein anderes Mittel zur Versicherung meiner Glaubwürdigkeit als den Schwur, meine Stamm-Medien *trend* und *profil* und *autorevue* aus dem Spiel zu lassen, obwohl ich ja dafür schreibe, weil ich glaube, dass alles Vernünftige seine Schwangerschaft braucht, eine Woche wie im *profil*, ein Monat wie in *trend* und *autorevue*.
Im Grunde ist nur wichtig zu wissen, dass ich die elektronischen Medien, die früher Funk-Medien genannt wurden, also Radio und TV, genauso gern habe wie die gedruckten

Medien, weil ich mit ihnen in manchen Jahren mehr Geld verdiente. Sie sind mir so wichtig wie alle *Online*-Medien, die ich als wunderbare Ergänzung begreife, und wie die Bücher, die ich zeitlebens als Höchstes gesehen habe, wenn es darum ging, ob Gretchen, Mephisto oder Dr. Faust gewinnt.
Hier meine unbestechlichen sieben Medien-Gebote für den MVW.

1. Liebe, ehre und abonniere die klugen, witzigen Magazine *profil, trend* und *autorevue*.

2. Abonniere drei erstklassige Tageszeitungen deiner Heimat und stelle alle führenden Bundesländerzeitungen sowie die teuren Auslandszeitungen in dein Online-Lesezeichen.

3. Informiere dich täglich via ORF, weil Armin Wolf, Ingrid Thurnher & Co zirka hundertmal tapferer und besser sind, als Laien glauben. Als Sport-Freak (Moto-GP, deutsche Bundesliga) solltest du auch ATV nicht unterschätzen. Das Fernsehen bietet in Summe viel Würdelosigkeit. Denke darüber nach, die Diamanten im Schlamm per Festplatten-Video-Recorder zu heben.

4. Lies wieder mal ein Buch.

5. Lies ein Buch, das nichts mit deinem Beruf zu tun hat.

6. Lies ein Buch, das richtig abwegig ist, vielleicht sogar Lyrik enthält.

7. Lies die folgenden Subkapitel. Sie haben nichts mit Magazinen zu tun. Sie sind Liebeslieder auf zwei andere Medien. Ich bin ja nicht befangen.

Medien (I)

Ö1 FÜR FEINSPITZE

Der beste Radiosender der Welt

»Fernsehen schläfert ein. Radio macht munter. Ö1 ziegelt auf.«
Helmut A. Gansterer, profil-Kolumne, 2002

Intelligenzmedium

Der Start des Radios war aus der Sicht eines Wirtschaftsjournalisten phänomenal. Der erste regelmäßige Rundfunksender im deutschsprachigen Raum (1922) hieß „Wirtschaftsrundspruchdienst" – ah, welch lockender Titel, ohne die fade Frische heutiger Namensgebung.

Das Radio ist schon rein hirn-physiologisch ein intelligentes Medium. Der Hörer steht unter Spannung, da nur der Gehörsinn bedient wird. Alles andere muss die Phantasie liefern: die Gesichter, die Farben, die Bewegungen. Damit ist Radio den Zeitungen gleichwertig, die nur den Augensinn ansprechen. Beide sind belebende Medien.

Umgekehrt lässt sich das Ermüdungs-Elend des Fernsehens begreifen: Dort wird das Hirn mit allem beliefert und gelähmt. Man hat buchstäblich nichts mehr zu tun und schläft ein.

Mein liebster Radiosender war einst die englische BBC-Kurzwelle. Als junger *trend*-Reporter und Abenteurer-Darsteller lag ich gern im afrikanischen Busch und hörte im programmierbaren, portablen, gegen Elefanten-Urin resistenten Sony-Short-Wave-Super-Receiver, dass bei uns daheim Schnee lag.

Seit langem ist jetzt Ö1 mein Favorit: der einzige Sender, den ich aktiv suche und freiwillig höre, mit größter Dankbarkeit. Man wird durch ihn gescheiter, ob man will oder nicht. Der Erfolg ist unvermeidlich. Ö1 enttäuscht fast nie, hat aber Eigenheiten.

Die Tücken von Ö1

Die erfreulich strenge Ordnung – z. B. *Morgenjournal*, *Pasticcio*, *Radiokolleg*, *Konzert am Vormittag*, *Literaturminiatur* bis *Nachtjournal* – gilt nur in der Kernwoche von Montag bis Donnerstag. Am Wochenende ist man ohne Programmheftl aufgeschmissen.
Allerdings: Oft kommst du gerade beim zufälligen Ö1-Einstieg in Sendungen, wo sich vor Vergnügen die Zehen aufstellen. Ö1 kann wunderbar wunderlich sein. Die Öko-Sendung *Fitnessprogramm für Waldböden* riss sicher 8 Millionen Österreicher steil aus dem Sessel, hat aber in ihrer Quoten-Wurschtigkeit eine tolle britische Note. Ich werde auch nimmer vergessen, wie ein anderes Ö1-Thema in mein Leben eintrat: die im Nano-Bereich messbaren hydropneumatischen Kniekehlen langbeiniger Insekten.
Die grandiose Unberechenbarkeit der Ö1-Redakteure hat mich – neben den Schwerpunkten Klassik und Literatur – zusätzlich süchtig gemacht.

Ö1 für *Autofahrer und Manager (I)*

Als Mitarbeiter des Wirtschaftsmagazins *trend* sorge ich mich um die Sicherheit der Manager und Unternehmer. Sie fahren zwischen 30.000 und 100.000 Kilometer pro Jahr. Ich liege irgendwo am unteren Ende bei 40.000 Kilometern und habe Ö1 als Auto-Begleiter und Muntermacher getestet. Das Ergebnis ist zwiespältig:

• Ja zu allen Textbeiträgen wie Hörspielen (z. B. *Anprobieren eines Vaters* von Erich Hackl), Literatur-Porträts (z. B. Paul Celan) und Reportagen (z. B. „Queen Elisabeth" als letzter Luxus-Liner), übrigens Beispiele aus dem Ö1-Programm einer einzigen Woche.

• Jein zu klassischer Musik. Sie ist meist eine gute Begleiterin auf langen Strecken. Manchmal ist sie auch lebensgefährlich. Man muss da wählerisch sein. Ravels *Bolero* und Strawinskys *Riten des Frühlings* pumpen das Blut in den Süden des Körpers. Da bleibt fürs Hirn kein Sauerstoff. Das ist schlecht fürs Fahren. Und hören sie niemals Beethovens 6. Symphonie, die sogenannte *Pastorale*. Beethoven hatte die krause Idee, mitten im Stück den Donner symphonisch nachzubilden. Beim ersten Kracher wich ich auf der Strecke Stuttgart–Nürnberg mit 250 km/h rechtwinkelig von der Straße ab. Auf der Europabrücke wäre ich dank Ö1 nach langem, leichtem Flug verendet.

Ö1 für Autofahrer und Manager (II)

Es gibt eine beste Möglichkeit, die Qualitäten von Ö1 zu nützen. Die grafisch, haptisch und inhaltlich tollen Ö1-CDs. Schon die ersten zwei, die ich kennenlernte, haben mich hundertprozentig überzeugt: Michael Schrotts berührende Aufzeichnung der atemlosen Plaudereien des Friedrich Heer (selbst die Beipacktexte inkl. Anton-Pelinka-Interview sind gut). Und Michael Köhlmaiers *Biblische Geschichten*, die alles Sündige in sich haben, was auch das TV-Programm bietet, nur halt viel intelligenter und ohne geistiges Ablaufdatum.

Eine Jubiläums-Erinnerung

Vor Jahren lud man mich zu einer Jubiläumssendung mit Wolfgang Kos. Wir diskutierten ein bissl und wählten aus dem Ö1-Archiv unsere Lieblingsstücke. Ich griff nach einem historischen Interview mit Heimito von Doderer. Herr Doderer, unendlich nobel und hoffärtig-geschliffen, mit dieser seltsam singenden Stimme, sagte darin auf die Frage der braven Ö1-Reporterin, was er sich heimlich wünsche, sinngemäß dies: „Zwei wilde Weiber mit einem fetten Hintern, und nachher einen guten schwarzen Kaffee."
Da sollen einst sieben Döblinger Damen in die Donau gesprungen sein. So was wünschte ich mir öfter. Ansonst bin ich glücklich mit dem besten deutschsprachigen Radiosender der Welt. Selbst sein Werbe-Slogan ist kreativ und korrekt: Ö1 *gehört gehört*

Nachwort

Diese Geschichte habe ich nicht geschrieben, sondern ausgegraben. Sie ist acht Jahre und drei Monate alt. Im Kern gilt sie noch heute. Ich widme sie Alfred Treiber, dem *spiritus rector* und Boss des Senders. Treiber ist ein rescher Charakter mit feinem Witz. Als ich ihn zuletzt sah, galt seine Sorge der idealen Literaturliste für seine Tochter. Ich gratuliere ihm zu 13 Jahren Ö1-Intendanz. Die aufwändige Idee, per Buch zu gratulieren, kam selbst im pervers-originellen Ö1-Programm noch nicht vor.

Medien (II)

VON DER LIEBE ZU BÜCHERN

Die haltbarste aller Beziehungen

»Ein Buch ist für mich eine Art Schaufel,
mit der ich mich umgrabe.«
Martin Walser

»Ein Buch muss die Axt sein
für das gefrorene Meer in uns.«
Franz Kafka (1883–1924)

Mag sein, dass Mutterliebe über die Bücherliebe geht. Das ist für mich schwer zu sagen. Ehrlich gesagt, war ich nie Mutter. Allerdings bezweifle ich mit reinem Hausverstand, dass meine starke Frau Mama, die mit 60 den Führerschein machte, ein fehlerhaftes Produkt wie mich so ausdauernd lieben kann wie unsereins Goethes *Faust I*, Bellows *Herzog*, Bernhards *Alte Meister*, Handkes *Versuche* oder die Ausstellungskataloge der Wiener Albertina.

Bücherliebe ist eine halb geistige, halb haptische Hörigkeit. Daher ist das Buch für mich zwingend an die heutige Gestalt gefesselt, mit feinem Papier, schönem Druck und einer Sensation der Nerven, wenn du den gut gearbeiteten, sauber gebundenen Rücken umfasst, bei alten Büchern auch sinnliche Buckel und Blinddrucke spürst oder aufwändige Passepartouts und teure Frontispize.

Ezra Pound sagte: „Der Mensch begreift Bücher erst, wenn ihm ein gewisses Maß an Leben zuteil wurde.“ Obwohl ich seine *Cantos* vergöttere und nie zu jenen gehörte, die seine

Verrücktheit glaubten, missfällt mir dieser Satz. Ich glaube an frühe Prägungen der Bücherliebe.
Sie kommen oft in merkwürdiger Gestalt. Einer meiner Jugendfreunde fand zu Literatur und Lyrik über die Textzettel, die seinen Beatles-LPs und später den CDs beigelegt waren. Mich selbst setzten obskure ländliche Werke wie der *Hundertjährige Bauernkalender* und das Magazin *Stadt Gottes* in jene Abhängigkeit, die bis heute hält. Wobei der eigentliche Wahnsinn erst mit Karl Mays erstem Band der *Gesammelten Werke* einsetzte, *Durch die Wüste*, weil dieses Buch auch angenehm anzugreifen war und so fein roch und mit seinen dünnen, eleganten Seidenpapierseiten einen Luxus verhieß, den ich, Gott sei's geklagt, schon als Kind als Darling meiner Sinne begriff.
Die hohe Beziehung kannte eine einzige Krise. Sie kam mit einem wohlmeinenden, aber irregeleiteten Deutschlehrer der Mittelschule. Dieser preußische Typ, dem Staubfreiheit alles war, verlangte von uns, den ganzen Stifter zu lesen, eher wir den ganzen Zweig und dann den ganzen Doderer ... furchtbar. Wir mussten jedes Reindl ausschmieren. So gut schrieb kein Sterblicher, dass du dies ohne Abscheu praktizieren konntest.
Ein anderer Mann, ein großer und weltberühmter, das Gegenstück zu jenem Deutschlehrer, rettete mich: Nobelpreis-Nominé Benoît Mandelbrot, der Erfinder der „Fraktalen Geometrie“. Er lobte die Ordnung im Chaos. Er empfahl mir, so zu lesen, wie eine Sau frisst, alles durcheinander und zur gleichen Zeit: „Das Hirn sehnt sich nach Ordnungsaufgaben. Sie werden sich die Inhalte sogar leichter merken – Sie müssen nur daran glauben.“
So liegt nun also, da ich gerade die Holländer entdecke, in jeder Ecke, mit Eselsohren oder Lesezeichen, eine Connie

Palmen, ein Leon de Winter, ein Harry Mulisch oder Cees Nooteboom. Auch die leichte Artillerie ist vertreten. Eine Erinnerung an Magdalen Nabb (*Tod einer Queen*) wartet auf dem Nachtkastl, ein alter Sjöwall-Wahlöö liegt gut durchlüftet auf dem waldseitigen Klofensterbrett, der feine Heuler *In Teufels Küche* von Valerie Wilson Wesley liegt so wie Haslingers *Vaterspiel* in der Küche herum. Zirka zehn jungfräulich verpackte Werke warten auf dem Schreibtisch darauf, defloriert zu werden, ah, dieser sinnliche erste Moment, da die zellophanene Verpackung zerrissen und die erste Seite aufgeschlagen wird. Da ich Präsident der „Österreichischen Gesellschaft zur Verbreitung von Vorfreude" bin, lese ich, um diesen heiligen Moment hinauszuzögern, vorher alles rundherum, die Vita des Autors, die Vorworte, die Nachworte, schaue mir die Frontispize an, die Namen der Übersetzer, die mir normalerweise nichts sagen, wenn sie nicht gerade Harry Rowohlt oder Wondraschek heißen. Ich lese die Widmungen und sogar die technischen Anmerkungen: *Veröffentlicht als Diogenes Taschenbuch 1999. Alle deutschen Rechte vorbehalten. Copyright 1998. ISBN 3 257 23142 3.*
Wenn etwas Liebe ist, dann das. Mir sind die Bücher, so wie sie sind, gerade recht. Auch als Hi-Tech-Freak werde ich allenfalls bei Sachbüchern auf unsinnliche E-Books umsteigen.
Ich widme diese kleine Geschichte meinen ausnahmslos wunderbaren Buchhändlern und den angenehm mürrischen Kaffeehauskellnern. Mein Leben ist im Rückblick ein einziges Geldverdienen, um die Kohle diesen aristokratischen Kasten zu überreichen. Es hat mir gutgetan.

11.

WELTMANN und SOUVERÄNITÄT

»Gegenüber dem Storch haben die Frösche eine beschränkte Souveränität.«

David Frost

DIE WÜRDE DER GELASSENHEIT

Der Marmorsockel des MVW

»Ein Choleriker mag arm sein.
Für die anderen ist er die Pest.«
Hippokrates von Kos
(460–370 v. Chr.)

Mein kreativer Freund Franz Hirschmugl, ein Konzeptionist der Extraklasse und entschieden ein MVW, kritisierte kürzlich lächelnd, dass ich die berühmten Männer, die ich auf meinen Weltreisen interviewte, allzu oft und nicht uneitel nenne. Er hat schon recht, nur nenne ich speziell die Japaner hier noch einmal.

Kaku (Canon), Morita (Sony), Kishimoto (Olympus) und Yamamoto (Mazda) verdanke ich neben vielem anderen die Erkenntnis, dass die an die Spitze gekommenen Führungskräfte angenehmer sind als jene, die erst im Aufstieg sind. Sie sind keineswegs hoffärtig und abweisend. Sie sind in der dünnen Höhenluft nicht vereist. Ganz im Gegenteil: Weil sie als „Angekommene" alles erreicht haben und nichts mehr beweisen müssen, zeigen sie drei dramatische Vorzüge:

- Sie haben schon wieder Zeit.
- Sie sind schon wieder freundlich.
- Sie können schon wieder zuhören.

Dies geht nur auf der Grundlage größter innerer Ruhe, die wiederum Grundlage jener Souveränitäts-Ausstrahlung ist, die wir gerne als höchste Errungenschaft eines MVW werten. Mit ihr verbunden ist unbedingte Contenance. Wer ausflippt, hat verloren.

Aufstrebende Männer, beispielsweise *middle managers*, die noch auf dem Weg sind und noch schwitzen und herumschlagen müssen und sich gern ein wenig größer geben als sie schon sind, mögen sich dieses Ideal vor Augen halten. So können sie das hehre Ziel schon in jungen Jahren erreichen.

Mit diesem Kapitel betreten wir die lange und helle Zielgerade des Buchs. Sie ist zur einen Hälfte Resümee, zur anderen eine Allee von Aspekten, die zusätzlich wichtig sind. In den Subkapiteln geht es um Toleranz und Mitmenschlichkeit, um Selbstironie, um den richtigen Umgang mit Siegen und Niederlagen und alte nützliche Weisheiten wie *Carpe diem* und „Der Weg ist das Ziel".

Vorher möchte ich nur noch ein Grundgesetz, das durchs ganze Buch schimmert, in den Vordergrund rücken. Es ist elementar, obwohl es von mir erfunden wurde: „Immer weniger von immer Besserem." Ursprünglich erdacht als nachhaltigste Wirtschaftsformel der Zukunft, die Ökonomie und Ökologie versöhnt, hat es auch für das Privatleben eines MVW größte Bedeutung. Im Prinzip geht es um einen Ersatz der Mengen durch Qualitäten. Ein dieser Tage gelesenes, ausgezeichnetes „Feng Shui"-Buch belehrte mich, dass man sich zusätzlich von Alt-Mengen befreien sollte. Je schlanker deine dingliche Umgebung, umso dicker die Seele. Ein Experiment zeigte, wie richtig dies ist.

Gemeinsam mit meiner Herzallerliebsten, die mittlerweile als Feng-Shui-Meisterin gelten darf, entleerte ich alle Räume des Hauses. Ich verschenkte alle Bücher, die ich nie wieder lesen würde. Ich verschlankte meine riesige Kamera-Sammlung auf ein einziges System (und fotografiere seither besser) und die

Fahrzeuge meiner Garage auf ein vernünftiges Maß. Der Effekt, wieder einmal als Goethe-Wort: „Vom Eise befreit sind Strom und Bäche.“ (*Faust I*)
Die nun folgende, letzte Strecke des Buchs schrieb sich praktisch von selbst, weil ich im Zuge der Entleerung alle Schreibpulte und den Schreibtisch in Ecken stellte. Das führte zu höchster Geborgenheit und Energie-Bündelung. Früher lachte ich darüber. Heute weiß ich, dass ich ein indolenter Ignorant war.
MVW heißt auch, lernfähig zu bleiben.

TALKSHOWS, HANDYS, WHO'S WHO

Ein MVW hat mitmenschliches Verständnis für Schwächen

»Achtet mir die Eitlen. Sie machen sich der Societät angenehm.«
J. W. v. Goethe (1749–1832)

Kultur-Parvenus und Philosophen verurteilen handfeste Zeitphänomene wie Handymissbrauch, Talkshows und Who's-who-Geilheit. Der Unterschied liegt nur darin: Die Denker verurteilen sie, weil ihnen wirklich graust. Die Parvenus verurteilen sie, weil sie Handys, Talkshows und Who's who in Wirklichkeit lieben, aber nicht dabei erwischt werden wollen. Also schimpfen sie öffentlich darüber.

Egal, woher die Kritik kommt: Sie ist aus der Warte der Ästhetik berechtigt. Aus der Ecke der Menschlichkeit ist sie falsch. Die drei genannten Zeit-Phänomene sind unter dem Strich human. Sie kommen der Sehnsucht der Menschen entgegen, großartig dazustehen. Sie sind Vitaminpillen gegen einen Mangel an Geltung und Anerkennung. Der ausgebildete, fortgeschrittene MVW wird dies verstehen. Ohne Mitmeschlichkeit und Toleranz wäre er keiner.

Der Geltungs-Mangel ist heute krasser als in der Vor-TV-Zeit. Fast alle Medien, vor allem das Fernsehen, zeigen eine Welt voll schillernder Menschen: faszinierende Böse wie Mr. Blofeld bei James Bond, berühmte Wohltäter wie Mutter

Teresa, Karlheinz Böhm und Peter Ustinov. Vor allem unendlich viele Reiche & Schöne.

Die meisten Bürger, müde vom Alltag und dessen Erniedrigungen, erliegen irgendwann dieser Suggestion. Sie begreifen sich als kleine, graue Mäuse. Manche mit gewissem Behagen, weil sie die Geborgenheit der Anonymität schätzen und lieber zuschauen. Die meisten aber möchten selber in der Liga der Eliten spielen.

Sie haben Sehnsucht nach größerer Anerkennung – der älteste und zuverlässigste Wunsch. Er fängt in der Kindheit an, wo man Vater und Mutter imponieren will, setzt sich später mit Freunden, Freundinnen und Lehrern fort, schließlich mit potentiellen Sexpartnern und Geschäftsfreunden. Man möchte nicht als Omega-Typ gelten, lieber als Gamma- oder Beta-Typ, am liebsten als exotisches Alpha-Tier, das von der Umgebung scheu verehrt wird.

Je nachdem, wie weit man sich von diesem Ziel entfernt fühlt, nützt man dankbar die Mittel, die heute für Höhenflüge zur Verfügung stehen. Beispielsweise TV-Souterrain-Talkshows, Handys und Who's who.

Die Vorteile der Souterrain-Talkshows (gemeint sind jene, in denen naive Menschen unfassbare Geständnisse ablegen müssen) sind universell. Die Teilnehmer fühlen sich jenen Glücklichen zugehörig, die einmal im Leben „für fünfzehn Minuten berühmt sind“ (Andy Warhol). Man muss sich ein wenig erniedrigen, das schon. Aber was zum Neid der Nachbarn bleibt: Man war im Fernsehen. Aber auch jenen, die es nicht zum Teilnehmer, nur zum Zuschauer schafften, helfen diese Talkshows zur Selbsterhöhung. Sie legen einfach den Schalter um und bedauern diese „Einfaltspinsel“, „armseligen Opfer“ und „Idioten“.

Allen ist geholfen. Selbst der MVW hat was davon. Er wird

im TV-Programm die Titel dieser unterirdischen Talkshows mit entsetztem Vergnügen lesen. In einem alten TV-Programm fand ich an nur zwei Tagen (22. und 23. Juli 2002) folgende Fülle an Beispielen: „Angeklagt – gib mir noch eine letzte Chance!", „Verknallt in dich – du weißt es nur noch nicht!", „Bei uns im Dorf sind wir die Flodders!", „Absolut belogen und betrogen!", „Arabella gibt dir eine zweite Chance!", „Wir müssen reden, etwas steht zwischen uns!", „Mein nächster Mann muss Kohle haben", „Jung und dick – ich finde mich total hässlich!", „Ich habe Bock auf Zoff!", „Für die Luderliga bist du zu billig!" Kurzum: In 48 Stunden mehr *comédie humaine* als im ganzen Balzac.

Die Handys sind alles in allem auch gut. Fragwürdig die eitle Kritik an jenen Mitbürgern, die gern öffentlich ihre wichtigen Gespräche führen, mitten auf der Kärtner Straße, an den Bar-Theken, in Büro und U-Bahn. Wer ein Herz hat, muss begrüßen, dass nun jeder zum öffentlichen Hauptdarsteller werden kann. Endlich so was wie „Geltungs-Demokratie". Bis zum Handy gab es nur grobe Mittel, die eigene Wichtigkeit deutlich zu machen: Rolls-Royce, Privatjet, Seitenblicke. Jetzt ruft man ins Handy: „Mit mir nicht, Herr Präsident, sie hören von meinen Anwälten." Das macht einen schmalen Fuß und eine hohe Gestalt. Es ist volkswirtschaftlich hundertmal billiger als Sanatorien zur Beseitigung von Komplexen.

Nokia, Apple, Sony-Ericsson, Motorola, Samsung & Co sind die Helden-Firmen der *Modern Times*. Ihre Schöpfung ist überragend. Das Handy schenkt uns die freie Darstellung der eigenen Größe.

So wie Talkshows und Handys sind auch Wichtigkeits-Verlage zu Unrecht verkannt. Nehmen wir beispielsweise „Who is Who", Verlag für Personenenzyklopädien AG in Zug, Schweiz.

Wie tausend andere Österreicher bekomme ich jährlich meinen automatischen Eintrag zur Korrektur. Samt der Bitte: „Unterstützen Sie unsere kostenaufwendige Recherchearbeit durch den Kauf eines Werkes!" Vorzugs-Subskriptionspreis: rund 400 Euro. Das ist vielen nicht zu viel, um anderen zu beweisen, dass man WHO ist. Obgleich: Wie geht das in der Praxis? Hängt man wirklich die „Urkunde über die Aufnahme ins Who is Who" an die Wand (48,– Euro)?
Dieser Verlag bot einst noch andere den Status erhöhende Produkte: etwa die Metall-E-Mail-Plakette eines „Autofahrerclubs Nizza", 80 mm Durchmesser, 42,– Euro. Oder einen Quadratfuß Schottland („Werden Sie ein schottischer Laird"), 73,– Euro. Oder Strand-Parzellen auf Taborcillo, einer Insel, die einst John Wayne gehörte (samt Häuschen einst ab 24.000 Dollar wohlfeil).
Alles, was andere glücklich macht, ohne wehzutun, sollte uns recht sein.

SIEGE UND NIEDERLAGEN

Der MVW kennt beides, spricht aber nur über das eine

»Ohne das Salz der Niederlagen sind Siege ungenießbar.«
Peter Tille

Dieses Kapitel ist schnell abgehandelt. Schon junge Anwärter auf die Auszeichnung „Mann von Welt" begreifen, was damit gemeint ist. Jene Männer, die an der Bar von ihren Siegen erzählen, fallen aus der Wertung. Insbesondere jene, die von Siegen über das sogenannte schwache Geschlecht berichten. Da dies seit Jahrtausenden auch Gorillas gelingt, ist es natürlich und kann dem MVW nicht der Rede wert sein.

Was einzig ihm zusteht, ist eine dezente Darstellung der Niederlagen. Und auch das nur, wenn es den Zuhörenden pädagogisch nützt. Ich habe in dieser Frage einen vorbildlichen Freund und Lehrer. Er heißt Philipp Waldeck und schreibt unter Phil die beliebten *Wanderbriefe* des Kult-Magazins *autorevue*. Sie sind von MVW-Geist durchdrungen. Abgesehen davon hat Phil zwei Maßstäbe gesetzt, an die wir uns halten können.

Erstens schmückt er die Ennstal-Classic-Rallye, die als „Mille Miglia der Berge" weltberühmt wurde, mit der Phil-Waldeck-Trophy. Sie wird jenem verliehen, der Vorletzter wurde. Dies sei, so sagt er, die einzige Bestimmung der wahren Gentlemen. Der Vorletzte habe einen besiegt und damit gezeigt, dass er es ernst meine. Er habe zur gleichen Zeit so wenige Konkurrenten wie möglich gedemütigt. „Der Erwerb der Waldeck-Trophy", sagt Ennstal-Gründer Helmut Zwickl, „ist unter Aristokraten auf Hispano-Suiza, Lagonda und Bugatti so begehrt wie der Pokal des Gesamtsiegers."

Zweitens hat Waldeck auf Bitten seines MVW-Schülers Herbert Pinzolits einen Text zu dessen Buch *Die Kunst des Scheiterns* geliefert, der von der Literaturkritik mit grundsätzlichen Werken wie *J'accuse* von Emile Zola verglichen wurde. Es wurde mir erlaubt, diesen Text zu inkorporieren – siehe nächstes Kapitel.

DIE KUNST DES SCHEITERNS

Ein Gast-Essay zum Thema

Der folgende Gastbeitrag wurde vom engsten Freund des Buchautors, dem *autorevue*-Kolumnisten Phil Waldeck, geschrieben, als Vorbild für die Art und Weise, in der ein Mann von Welt über seine Siege und Niederlagen sprechen sollte.

Phil Waldeck:

1000 NIEDERLAGEN, DOCH ZULETZT DIESER SIEG

Es gibt Unglückliche, die tausendmal gewinnen und im entscheidenden Moment verlieren. Bei mir war's umgekehrt – Lohn eines gottgefälligen Lebens?

Mein Großvater war aus Stahl. Er ging jeden Tag drei Stunden zu Fuß bergauf, ehe er seine Schwindel erregende Arbeit begann, als Zimmermann. Der andere Opa stand, ohne zu murren, zehn Stunden hinter der Budel der Konsumfiliale, die er leitete. Die eine Großmutter trieb Stiere zu Paaren. Die andere baute ein Haus. Angeblich sind unsere Gene nicht so

sehr durch die Eltern, sondern durch die vorletzte Generation geprägt. Ich will den Herren Mendel und Darwin nichts Böses nachsagen, aber es wird die Frage erlaubt sein:
Die Vorfahren waren aus Stahl.
Warum wurde ich Pudding?
Es ist erwiesen, dass von der ersten Sekunde an nur zwei meiner Körperteile brauchbar waren: der Kopf und die Leber. Mit fünf Jahren konnte ich schreiben, lesen und Likör trinken. Dafür konnte ich nichts mit meinen Armen und Händen, fast nichts mit den Beinen und Füßen.
Und sollte es jemals einen Zusammenhang zwischen meinem Willen und meiner Lunge gegeben haben, so war es die frühe und fortan unstillbare Sehnsucht nach *Lucky Strikes*.
Logische Folge: Ich war als Sportler unten durch, und zwar von den Anfängen an. Im Kindergarten war ich nicht einer von jenen, die beim Sackhüpfen umfielen. Ich war der, der in den Sack erst gar nicht hineinkam.
Und was die Schulen betrifft, war ich schon in der Volksschule an der Tafel brillant, im Turnsaal ein Zombie.
Dort fühlte ich mich nicht wohl. Das mag damit zu tun gehabt haben, dass ich allzeit sittlich war. Das pudelnackerte Ausziehen im Rudel verletzte mein Schamgefühl. Das eigentliche Scheitern im Turnsaal hatte aber mit meinem Leistungsgewicht zu tun. Ich war mollig und hatte null PS.
Es schienen mit Leistungsgewichten wie meinem keine Erfahrungen vorzuliegen. Anders ist es nicht zu erklären, dass die vom Lehrer geforderten Hilfen an Reck und Pferd immer zu spät kamen. Die Lehrer sind ja angewiesen, eventuelle Abstürze der Kinder abzufedern. Bei mir griffen sie immer ins Leere. Ich stürzte schneller, als sie greifen konnten. Manches wurde mir damals sogar als Simulation ausgelegt. Beispielsweise die Sache mit dem Pferd. Der Verdacht war schon

deshalb blöd, weil ich mir dabei wehtat, tatsächlich lange Zeit mit tauber Nase und wackeligen Zähnen herumlief

Es ging da um den simplen Pferdesprung, wo man anhechtet, die Hände aufschlägt und mit gespreizten Beinen drüberfliegt, um schließlich in einer Art Hocke zu landen.

Als einziger meiner Klasse knickte ich beim Aufschlagen in den Ellenbogen ein, flog aufs Maul und rutschrollte schrägseitlich vom Bock. Nie vergesse ich den Ekel in den Augen des Lehrers.

Interessanterweise gab es in der Knabenzeit dennoch eine Sportart, in der ich nicht auf der Reservebank saß. Da hatte ich immer ein Leiberl. Es ist vom Fußball die Rede. Speziell bei englischen Bedingungen – Wolkenbruch, tiefes Geläuf, brutaler Schiedsrichter – war ich dem Trainer des Sportklubs Wimpassing unentbehrlich. Ich kannte nur eine Methode, einem Gegner den Ball abzunehmen: Beine voran in Hüfthöhe. Dabei handelte es sich nie um Foulspiel. Erstens hatte ich kein Unrechtsbewusstsein. Zweitens konnte ich nicht anders.

Es war die einzige Bewegungsart, die mir eigen war, sobald ich Stoppeln unter den Sohlen wusste. Die Schiedsrichter, die damals noch instinktsicher waren, spürten meine Unschuld, auch waren sie damals noch nicht von verweichlichten Idealen geleitet.

Die Folge war: Auch nach dem vierten Gegner, der mit der Tragbahre an die Outlinie gebracht wurde, sah ich keine gelbe oder rote Karte (die es damals noch nicht gab), allenfalls den wedelnden Zeigefinger eines verschmitzten Referees. Auf diese Weise war ich meinem Trainer unverzichtbar. Von Sieg kann ich dennoch nicht sprechen. Obwohl wir durch meinen Einsatz meist schon zur Halbzeit den Vorteil hatten, mit elf Mann gegen sieben zu spielen, rutschten wir jede Saison ans Tabellenende. Unser Sturm schoss kein Tor. Das bringt mich auf die Idee, dass die sportlichen Katastrophen vielleicht nicht allein mit mir und meiner Verfassung zusammenhängen. Vielleicht ist es auch nur ein Problem der Gegend, der ich entspross, des Schwarzatals rund um Ternitz und der Buckligen Welt bei Krumbach.

Andererseits haben viele meiner Jugendfreunde später Höchstleistungen erbracht. Sie wurden Tennisspieler, erklommen die Fischerhütte des Schneebergs oder paddelten wie mein Freund und Topmanager Klaus Woltron durchs Höllental, ohne öfter als fünfmal zwischen Hirschwang und Gloggnitz ins Wasser zu fallen. Eigentlich bin ich der Einzige, der seiner sportlichen Peinlichkeit treu blieb bis heute.

Das wäre nicht weiter interessant, wenn ich mich mit zunehmendem Alter hätte gehen lassen. Das tat ich aber keineswegs. Spätestens seit jener Nacht, in der ich wegen röchelnder Kurzatmigkeit von einem rohen Weibsbild ausgepfiffen wurde, arbeitete ich hart an meinem Körper.

Ich warf mich mit den Jahren eifrig in Sportarten, die sogar ein Mindestmaß an Mut erforderten. Dahinter stand keine Tapferkeit, sondern ein Kalkül: Der Überlebenstrieb würde mich zu Höchstleistungen peitschen.

Interessanterweise ging auch diese Idee schief. Ich ging zwar weder beim Bergsteigen noch beim Paddeln oder Golfspielen oder exzessiven Motorradfahren zugrunde. Aber es blieben mir die Niederlagen treu. Blättern wir auszugsweise in einigen Berichten, die ich als Lohnschreiber von *trend*, *Autorevue* und *Sportmagazin* abfasste, lebendige Zeugnisse eines in sportlicher Hinsicht Toten:

Ich musterte die unwirtliche Szenerie. Zu diesem Zeitpunkt muss ich schon gefühlt haben, dass Unerwartetes und Schreckliches auf mich zukommt – wie ein Schwein, das spürt, es sei auf dem Weg zur Schlachtbank.
„Siagscht des Kreiz?", fragte Sepp. Ganz weit oben war der Nebel aufgerissen, ein blasses, winziges Gipfelkreuz war zu sehen, offenbar von einem Hubschrauber abgeladen, weil der Berg unbesteigbar war, wie man selbst als Amateur erkennen konnte.

„Ja", sagte ich.
„Da werden wir bald oben sein", sagte Sepp.
„Sehr witzig", sagte ich und fühlte mich nicht wohl.
„Da isch der Helm", sagte Sepp.
Winsel.
„Da sind die Karabiner", sagte Sepp.
Winselwinsel.
„Auf geht's!", sagte der Sepp.
Winselwinselwinsel.

Zweiter Tag.
Zwei Gipfel auf einmal. Den ersten schnitt ich hinauf wie heißes Messer in Butter, heissa und juchheirassa. Das gibt Zuversicht und Übermut und wird, wie gesagt, bombensicher bestraft.
Die Strafe kam beim zweiten, ungleich schwierigeren Gipfel. Es ging dem Städter auch die Kraft zu Ende. Das hat nicht nur mit Konditionsmängeln zu tun, sondern auch mit dem enormen Kraftverschleiß, der mit Ungeschick, Aufregung und falscher Atmung einhergeht. Die dekadenten Schreibfinger waren gefühllos. Ausgerechnet in dem Moment, wo ich sie

erstmals nicht mehr spürte, hing mein ganzes Gewicht an ihnen, weil ich mit den Füßen ausglitt. Ich hatte auf einem zentimeterbreiten Vorsprung nicht von außen her die Sohle eingesetzt (vergleichbar einer Stubenfliege), sondern ängstlich gekantet. So rutschte ich ab. Die Beine pendelten hilflos im Leeren, ich sah mich schon fallen. Ich schaute, wohin ich fallen würde, was sehr gescheit war, denn so sah ich hinunter in die Tiefe. Dort, tausende Kilometer unter mir, sah ich zum letzten Mal eine Schutzhütte mit traulich rin-gelndem Rauch aus dem Schornstein und sah bunte Ameisen gehen. Mit der geringsten von ihnen hätte ich auf der Stelle getauscht.

Lustig war's nicht.

Keine Sekunde dachte ich daran, mir selbst die Schuld zu geben. Wozu, dachte ich, habe ich einen Bergführer, wenn ich trotzdem abrutsche. Überhaupt eine hirnrissige Idee, jemanden, der auf Barhockern eine so gute Figur macht, wie einen Sack in die Wand zu hängen.

Ich fluchte wie ein Rohrspatz:

„Unverantwortlich."

„Nie wieder." „Idiotisch."

„Nie Wieder einen Führer, nie wieder einen Berg."

Fluchen gibt Kraft. Irgendwie zog ich mich zum Stahlseil, verwendete es als Aufstiegshilfe, kam irgendwie zu Tritt und hing dann, bebend und schlotternd, an einem Haken, randvoll angefüllt mit Wut, tatsächlich mehr Wut als Angst.

So war ich in einer günstigen Verfassung, als mir beim nächsten, verkrampften, weit gespreizten Schritt auch noch die Hose riss. Schneeweiß schimmerte Palmers durch den klaffenden Schnürlsamt meiner Kletterknickerbocker.

Da ließ ich mir das eine oder andere einfallen. Der Fels hallte von meinen netten Sätzen. Die Dolomiten vernahmen Worte, die sie nie zuvor gehört. Und bis zur Marmolada, ja hin bis zum Ortler, färbte sich der Stein rot, wie es die Ansichtskarten der Dolomiten vorschreiben.

Vom Golfspiel

Der Entschluss zum Neubeginn ist waghalsig. Denn für die drei vorangehenden endgültigen Rückzüge hatte es immer zwei Gründe gegeben – einen jeweils neuen Grund und einen alten, der von Anfang an mitspielte, wie ein kalter Schatten: mangelndes Talent.

Ich will das gar nicht übertreiben und mit meinem extremen Untalent kokettieren. Tatsächlich gab es welche, die noch schlechter spielten als ich.

Es gab welche, die nicht mehr gut gehen konnten – ich konnte. Es gab welche, die mit Brille nicht spielen konnten und ohne Brille nichts sahen – ich sah wie ein Falke. Es gab welche, die hielten den Schläger wie einen Kochlöffel. Mein Griff erfreute wenigstens einen der Lehrer, einen phlegmatischen Kreolen, allerdings nur so lange, als ich mich nicht auf die Grifftechnik konzentrierte, also meinen wilden Instinkten vertraute.

Es war also nicht alles verhackt, was das Spiel betraf.

Allerdings verhackt genug. Mein Problem war in erster Linie, dass ich meine Nervenstärke nicht ausspielen konnte, beim kurzen Spiel auf dem rasierten Rasen rund ums Loch. Dort, wo andere ihre Nerven wegwerfen, hätte ich gewiss reüssiert. Leider kam ich nur selten hin. Meine Treibschläge auf der zwischen 150 und 500 Meter langen Spielbahn waren kraftvoll, daher unkontrolliert. Seltsamerweise waren sie auch kurz: Ich überbrückte die Distanz vom Abschlag zum Green nicht mit zwei, drei Langstreckenflügen, sondern machte auf jedem Grasbüschel eine Zwischenlandung. Manchmal

spielte ich nur theoretisch Golf, praktisch aber Landhockey. Was die Annäherungsschläge betrifft, die mit leichtem Eisen eher zärtlich auszuführen sind, so brach ich mir einmal beinahe den Unterarm. Eigentlich habe ich immer geackert. Das spielte nur bei den sogenannten Bunkern keine Rolle. Das sind Sandgruben vor dem Green, künstlich eingebaute Hindernisse, von Sadomasochisten ersonnen. Gute Spieler meiden sie erfolgreich. Ich habe sie, anders als den „zu kleinen Ball“ (Winston Churchill), immer getroffen.
Beim Putten, wie gesagt, wäre ich sehr gut gewesen. Aber ich brauchte zu lange, um ans Green zu kommen. Und die Abenddämmerung war immer schneller als ich. Und ich hatte mir zur Regel gemacht, das Spiel zu beenden, sobald die Nachtigall schlug.

Vom Motorradfahren

Eröffnen wir mit einer feinen Erinnerung: Ein stolzer Mann steht mit seinem schweren Motorrad vor dem Hotel Hubertushof in Aflenz. Auf dem Großvaterbankerl vor dem Haus sitzen drei fesche Frauenzimmer. Dem Mann schwillt der Kamm. Er will imponieren. Er plaudert balzend drauflos, neigt sich werbend vor. Die Maschine kommt in Schräglage. Es handelt sich um das zu dieser Zeit schwerste Bike, eine bambimördergrüne Kawa 1000. Sie hat ein Leergewicht von 215 Kilogramm. Ab zehn Grad Schräglage ist sie im Stehen nicht mehr zu halten. Der Balzhahn steht bei elf Grad. Er spürt, dass sie zu Boden geht, aber er kämpft.
Während er unverbindlich, vielleicht ein wenig verkrampft, weiterspricht, ein ahnendes wehendes Lächeln im Gesicht, nimmt er den Kampf gegen die Gravitation auf.

Ein sinnloser Kampf, er verlagert den Sturz nur in eine komische Zeitlupe. Unerbittlich Millimeter um Millimeter geht's der Erde entgegen. Drei Frauen schauen fasziniert. Ein Mann, mittlerweile hochrot, plaudert. Eine Maschine, grün, fällt. Schließlich liegt sie, der Mann unter ihr. Er wollte nicht würdelos abspringen, den Frauen auf den Schoß.
„Da schau her", sagt er locker, im Liegen. Er versucht ein Gähnen, um die Leichtigkeit des Seins klarzumachen. Das Gähnen wird zum würdelosen Schrei. Der Auspuff, vom letzten Hatzerl noch brennheiß, frisst sich gemütlich durch die Lederhose ans Wadl. So was gibt Kraft. Irgendwie schafft er es, schnaufend hervorzukriechen, das schwere Trum aufzustellen und wieder darauf zu sitzen, zitternd vor Erschöpfung, schmerzgraue Augen.
„Wir werden dich nie vergessen", sagen die feinen Damen und gehen brüllend ab.

Zweite Szene: Ein Mann fährt den Seeberg hinauf. In der zweiten Spitzkehre schaltet er bis auf den ersten Gang zurück. Am Kurvenausgang gibt er progressiv Gas, um in hocheleganter parabolischer Linie herauszubeschleunigen. Irgendwie ist aber die Verbindung von Gasgriff und Hinterreifen wie abgerissen.
Die Maschine brüllt, wie nur eine 1400-Kubikzentimeter-Zweizylinder-Suzuki-Intruder mit ihren mächtigen Kolben brüllen kann, aber sie wird langsamer. Schließlich kommt sie, der Fahrer in extremer Schräglage, zum Stehen. Er kippt einfach um.
„Wohl in den Leerlauf geschaltet?", fragt ein Kenner aus einem der tausenden Autos, die an der liegenden Intruder und ihrem knienden Herrn vorüberfahren. Telefondialog eines Mannes, der in der ÖAMTC-Werkstätte Mariazell steht,

mit den Brüdern Leitner („BLM“) in Bruck an der Mur. „Ihr habt doch diese mächtige BMW-Paris-Dakar mit dem 35-Liter-Tank in der Auslage. Ich kaufe sie euch ab.
Ich will auch keinen Sonderpreis. Um den Gewinn repariert bitte die Ducati Paso 905 – hallo? – Hallo? Die Ducati also, die ihr mir heute in der früh geborgt habt.
Sie liegt im Hallgraben, bei dieser Hundekurve – wie? – nicht auf der Straße, unten am Bach, Böschung und so du – ? – nein, ja, schwer zu sagen, sie schaut nicht wirklich gut aus, ich bin aber unverletzt, ein wenig rollsplittpaniert, bin elegant abgestiegen, gleitend, rutschend – wie – interessiert euch nicht?
Hab' ich doch von euch gelernt. Die BMW, wie gesagt. Und holt mich ab, Mariazell – nein, nicht Kirche, ÖAMTC.“

Am Ende der Sieg

Nun, da in kleinen Beispielen ein Zipfel meines sportlichen Zombielebens geliftet ist, will ich nicht ungerecht sein. Ich muss zugeben, dass die Götter ein Einsehen hatten. Nach 1000 Niederlagen gönnten sie mir einen Sieg. Nach einer langen Durststrecke führten sie mich an den Brunnen. Das darf man fast wörtlich nehmen. Es hatte mit Wasser zu tun.
Eines Tages kam ich durch eine Fernsehübertragung drauf, dass die Schwimmer die schönsten Figuren haben. Schwimmen allein, dachte ich, ist ein Trotteljob, das ist mir zu fad. Aber wollte ich nicht schon immer diese seltsame Ursuppe, aus der wir alle vor Jahrmillionen krochen, kennen lernen, das Meer?
So lernte ich Tiefseetauchen.
Und da war es, als gingen tausend Sonnen auf. Hier lag mein Talent. Schon in der ersten Stunde machte ich das Wesentliche

richtig. Mein Lehrer Urs Moser band mir schwere Bleigürtel um und wies mich an, ins Wasser zu gehen.
Ich tat, wie mir geheißen. Ich ging ein paar Schritte, dann ging ich unter.
So kam auch ich ans Ziel.

CARPE DIEM

Die Mischkunst des Lebens

»Wer das Schöne an die Zukunft delegiert, ist selber schuld.«
Adam Bronstein

Souveränität ist an innere Ruhe und positive Ausstrahlung gebunden. Die meisten Männer können keine gute Aura aufbauen. Sie leben falsch. Sie gehorchen einem falsch verstandenen Ideal der Pflichterfüllung. Sie kennen nur Arbeit und Schlaf. Dies ist kontraproduktiv und durch zwei Nachteile entstellt. Erstens ist der Wirkungsgrad katastrophal. Wer keine Pausen kennt, ist zwar redlich erschöpft, bringt aber nicht wirklich was weiter. Zweitens stauen sich an reinen Arbeitstagen alle Sehnsüchte nach dem schönen Anderen.

Jenes Schöne, das nicht zum Zug kommt, wird von den Wochentagen aufs Weekend verlegt. Dort findet sich aber weitere Arbeit, weshalb es auf den Urlaub verlegt wird. Das funktioniert nicht, weil in riesigen Klumpen zu viel nachgeholt werden soll. Das Schöne, mit Stress gesucht, wird nicht gefunden. So wird am Ende alles Schöne, nach dem man Sehnsucht hatte, das man aber niemals praktizierte, in den Ruhestand verlegt, den man aber auf diese Weise leider nicht erlebt.

Ein klasses Leben verlangt zwingend eine Mischkunst des Alltags. Eine erste Idee gab *Carpe diem*, jene lateinische Redewendung, die wir einer Ode des römischen Dichters Horaz

(65–8 v. Chr.) verdanken. Sie besagt: „Nütze den Tag" oder „Pflücke den Tag".

Eine fast schon detaillierte Anleitung gab wie so oft Goethe, der Weltmeister darin war, lustvoll alles aufzugreifen und auszukosten, was ihm gefiel. Er schrieb: „Man soll alle Tage wenigstens ein kleines Lied hören, ein gutes Gedicht lesen, ein treffliches Gemälde sehen und, wenn es möglich zu machen wäre, einige vernünftige Worte sprechen."

Jeder weiß für sich selbst, welche Elemente seine Tage zu schönen Tagen machen. Der eine braucht den täglichen Elefantenritt fürs perfekte Glück, der andere den täglichen Museumsbesuch (vgl. Thomas Bernhards *Alte Meister*), der Dritte den täglichen Flirt nach Monaco Franzes Motto: „Ein bissl was geht immer."

Von vielem ein bissl was, dafür aber täglich, ist ein Lebensrezept, das trainiert werden will. Die Mühe lohnt sich. Am Ende dieses Regenbogens wartet wirklich ein Topf voll Gold.

DER WEG IST DAS ZIEL

Über den Gegenwartssinn

»Was einzig zählt,
ist die Qualität des nächsten Schrittes.«
Thomas Bubendorfer

Mit Fernöstlichem wird viel Schindluder getrieben. Vieles wird auch überschätzt. Nicht alles, was zu Asiaten so gut passt wie das Schwert zum Samurai, ist für Europäer bekömmlich. Ich sah Österreicher, die die Ashrams indischer Gurus nicht glücklich, sondern als schwer vermittelbare Sozialfälle verließen. Und weiß aus eigener Erfahrung, wie schwierig es ist, vermeintlich einfache Fertigkeiten wie die chinesisch-japanische Tuschemalerei (*sumi-e*) zu erlernen. Die Forderung, den Bambus fünf Minuten lang konzentriert bis ins Innerste zu begreifen, ehe man ihn malt, führt den Westler zu Schweißausbrüchen, im ungünstigen Fall zu frühem Tod.

Das Beste, was uns der ferne Osten schenkte, ist die Erkenntnis „Der Weg ist das Ziel". Sie wurde nur völlig entwertet durch inflationären Gebrauch. Autohersteller und Küchengeräteerzeuger haben das Motto als Werbeslogan verwendet. Eine Säkularisierung, die zeigt, dass man wenig verstanden hat.

Ich durfte in Asien lernen, was wirklich gemeint ist. Im Wesentlichen geht es um die Entwicklung eines Gegenwarts-

Sinnes. Wir alle glauben, ohnehin in der Gegenwart zu leben. Tatsächlich sind die meisten von uns Spielball von Erinnerungen und Zukunftsplanungen. Es geht also darum, die Rucksäcke der Vergangenheit und Zukunft abzuwerfen. Das geht am besten so, dass man die Erinnerungen niederschreibt und damit ruhigstellt und dass man die Planungen aufs notwendigste Minimum reduziert. Was übrig bleiben sollte, ist das Hier und Jetzt, die „Qualität des nächsten Schrittes" – eine wunderbare Formel, die mein Freund Thomas Bubendorfer fand, der als weltweit interessantester ungesicherter Freikletterer & Denker & Vortragender gilt. Thomas: „Ich schaffte fünf große Wände an einem Tag nur deshalb, weil ich mit größter Lust und Aufmerksamkeit einen Griff nach dem anderen suchte. Hätte ich ans Ziel vorausgedacht, wo mich TV-Kameras und Beifall erwarteten, wäre ich heute tot."

Ein Meister des Prinzips Weg=Ziel in Seoul, Korea, verriet mir sein persönliches Geheimnis. Er nannte es die 5-Sekunden-Verschleppung. Vor jeder neuen Tätigkeit, auch einer ungeliebten Arbeit und selbst der kleinsten wie dem Teekochen, schließt er die Augen, dankt dafür, dass er lebt und dies tun darf, und will es dann gerne und gut erledigen. So wird ihm jeder Tag zu einem funkelnden Collier bewusst erlebter Lieblingstätigkeiten. Mit diesem Trick vermute ich das Höchstmaß an Gegenwartssinn erreicht.

Chinesen Japaner und Koreaner glauben, man könne mit richtig praktiziertem „Der Weg ist das Ziel" sogar die mächtigste Bremse lösen, die unsere Lebensfreude und Leistung hemmt: die latente Todesfurcht. In der blumigen Formulierung des fernen Ostens: „Wenn du deine Straße aus Jade baust, wird sie so schön sein, dass es am Ende unwichtig sein wird, ob sie kurz oder lang war. Hauptsache, sie war schön."

A n l e i t u n g

DAS EWIGE LEBEN

Drei Tipps des mit Recht so genannten Ernst Jünger

»Geh, Herrgott, i bitt di ums ewige Leben!«
Hubert von Goiserns Version
von Janis Joplins
»Oh Lord, won't You buy me a Mercedes-Benz?«

Die Vorkapitel „Mischkunst" und „Der Weg ist das Ziel" sind vermutlich die wichtigsten Anleitungen, um jene innere Ruhe zu finden, die den MVW auszeichnet. Sie tragen allerdings das Stigma der Ernsthaftigkeit.
Um dieses Buch abzuschließen, das einer hellenistischen Heiterkeit verpflichtet ist, mögen drei Tipps für ein langes Leben besser passen. Sie stammen von Ernst Jünger, der für viele Literaturliebhaber das schönste Deutsch schrieb und – befreit von einstigen politischen Irrwegen – ab seinem Buch *Marmorklippen* problemlos bewundert werden darf. Neben dem großen Werk entzückte Ernst Jüngers Aussehen. Er war noch mit 102 Jahren erschütternd jugendlich. Viele Zeitungsleute pilgerten zu ihm, um seine Jungbrunnen zu recherchieren. Hier seine drei wichtigsten Imperative:

✖ Trinke jeden Tag eine Flasche Champagner. Auch deine Moleküle brauchen Freuden.
✖ Dusche jeden Tag eiskalt. Auch Kartoffeln werden kalt gelagert.

✖ Lies niemals was Blödes. Auch das Gehirn kann vergiftet werden.

Meinen Freunden, die dem Ideal des neuen Mannes von Welt entsprechen oder mit Hilfe des Buchs einer werden wollen, wünsche ich für die unzähligen Jahre, die dank Jüngers Tipps noch vor ihnen liegen, alles Liebe. Danke für die Aufmerksamkeit – adieu!